乡村文化互联网运营一本通

主　编　李保升

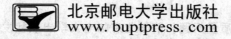

内容简介

本书共分为3章，按照顺序展开各个章节，第1章乡村文化介绍乡村有什么，哪些可以作为乡村文化的内容展开经营活动；第2章按照传播理论，介绍乡村文化传播的总体理论基础——整合营销，对互联网传播一般采取的渠道和方式进行总结，介绍乡村文化可以运用的传播方式；第3章介绍了整合营销理论下互联网传播营销策略案例，通过多种类案例分析，实现效仿，易上手的实用效果。

本书适合农村乡镇政府干部、乡村干部及农民个人通过学习，开发当地文化，走上脱贫致富之路。

图书在版编目（CIP）数据

乡村文化互联网运营一本通 / 李保升主编. - - 北京：北京邮电大学出版社，2021.1（2021.11重印）

ISBN 978-7-5635-6335-7

Ⅰ.①乡… Ⅱ.①李… Ⅲ.①互联网络－应用－农村文化－旅游文化－研究－中国 Ⅳ.①F592.3

中国版本图书馆 CIP 数据核字（2021）第 020592 号

责任编辑：毋燕燕		封面设计：七星博纳	

出版发行：北京邮电大学出版社
社　　址：北京市海淀区西土城路 10 号
邮政编码：100876
发 行 部：电话：010-62282185　传真：010-62283578
E-mail：publish@bupt.edu.cn
经　　销：各地新华书店
印　　刷：保定市中画美凯印刷有限公司
开　　本：720 mm×1 000 mm　1/16
印　　张：8.5
字　　数：92 千字
版　　次：2021 年 1 月第 1 版
印　　次：2021 年 11 月第 6 次印刷

ISBN 978-7-5635-6335-7　　　　　　　　　　定　价：22.00 元

· 如有印装质量问题，请与北京邮电大学出版社发行部联系 ·

前　言

十九大提出的乡村振兴战略，不仅仅是为了乡村自身发展的需要，更是关系到中国迈向新时代的前途命运与未来发展走向的大战略。

习近平总书记指出，要坚持乡村全面振兴，抓重点、补短板、强弱项，实现乡村产业振兴、人才振兴、文化振兴、生态振兴、组织振兴，推动农业全面升级、农村全面进步、农民全面发展。要尊重广大农民意愿，激发广大农民积极性、主动性、创造性，激活乡村振兴内生动力，让广大农民在乡村振兴中有更多获得感、幸福感、安全感。要坚持以实干促振兴，遵循乡村发展规律，规划先行，分类推进，加大投入，扎实苦干，推动乡村振兴不断取得新成效。

乡村有乾坤，事关天下事。近代以来，影响西方文明发展的大事件，都与城市有关。从500年前源于地中海城市的文艺复兴到18世纪的英国工业革命，从法国19世纪的巴黎革命到美国现代的科技创新，无不是基于城市改革兴起，从而改变了世界发展的格局与走向。然而，近代以来，影响中国前途命运的大事件，却都与中国乡村有关。

第一次乡村复兴，是毛泽东领导的新民主主义革命。国民党试图走西方式的道路，依靠城市资产阶级革命实现中国从古代到现代文明的转型，历史选择了毛泽东领导的中国共产党所走的农村包围城市的革命道路，完成了建立新中国的伟大使命。

第二次乡村复兴，是邓小平领导的发端于乡村的改革开放。起源于安徽凤阳小岗村，以家庭联产承包责任制为内容的乡村土地改革，成功开启了中国改革开放之路，使中国再次在乡村找到了中国改革开放的动力源头。正是农村土地承包制形成的改革示范效应，带动了后来的城市改革；正是农村改革释放的生产力，解决了中国农业发展难题；正是产生于乡村的乡镇企业，成为中国最早的市场经济主体。改革开放40年取得的巨大成功证明，中国的农村与农民不仅是中国新民主主义革命的基本力量，也是中国改革开放的动力源头和中坚力量。改革开放以来的第二次乡村复兴，使中国农民走向了小康社会。

第三次乡村复兴是十九大提出乡村振兴战略，是新时代的第三次乡村复兴。乡村作为中华五千年文明之载体，无论是生态文明建设，还是实现中华民族伟大复兴的中国梦，都需要我们再度从乡村文明复兴启航。第一次乡村复兴释放了蕴藏于乡村的革命力，第二次乡村复兴释放了蕴藏在乡村的经济力，第三次乡村复兴就是乡村蕴含的政治、经济、社会、历史、文化能量的全面释放，是乡村文明与新时代对接的全面复兴。

站在21世纪的制高点上，我们看到的是乡村文明复兴渐起时代的开启。乡村文明复兴并不意味着人类将回到农业文明的时代，乡村文明复兴是对当代世界出现的城市与乡村两极文明失衡矫正的需要。乡村文明的复兴，不仅是中华民族复兴的必然，也是21世纪生态文明时代发展的新趋势。乡村处处有文化，但是文化与文化产业之间的距离，不是轻易就可以跨越的。如何开拓乡村文化，并将这种文化与产业化相结合，就是我们要解决和学习的一个问题。其实，如何将乡村文化与产业发展相结合，乡村人同样有着自己的成功经验，乡村人与文化产业的发展之间的关联，就会变成一种强有力的文化发展力量。

历史文化经历长久的积淀，一个地方的文化最能凸显地方形象，最能显示地方特色，最能张扬地方个性，吸引人们的眼球。当今时代，眼球经济下，各地打造历史文化品牌已成风起云涌之势。将昨天的历史文化充分利用和发展出来，挖掘本土历史文化，显示民族和地理文化特色。湖北提出打造"湖北特色"的五大文化品牌，以三峡文化、武当文化、三国文化等为代表的旅游资源历史文化和以辛亥首义文化、红（苏）区文化为代表的革命历史文化，属于历史文化资源类型。甘肃提出打造六大品牌特色文化：敦煌文化、黄河文化、丝绸之路文化、石窟文化、伏羲文化和民间民俗文化。山西太原提出打造晋源文化品牌，山西孝义打造山药蛋派文化品牌；浙江上虞以英台故里而荣耀打造梁祝文化品牌，浙江嘉兴打造江南文化之源品牌；福建湄州岛打造妈祖文化品牌；广东连平打造颜氏文化品牌；甘肃陇西打造李氏文化品牌等，俯拾即是，不胜枚举。

企业家积极介入运作。近年来，开封市打响清明上河园、翰园碑林文化品牌，主要得力于企业家的具体运作。天津方舟旅行社与黄山市屯溪区签下了屯溪老街的经营权转让合同，意在打造和提升屯溪老街的文化品牌，盘活当地文化沿途市场。各地打造历史文化品牌。南京市全力彰显老城的文化魅力，积极申报世界遗产城市，决心打造一批具有国际影响的历史文化品牌。北京市西城区集中打造传统文化精粹——会馆文化、戏曲文化、名人故居文化、大栅栏传统商业文化、天桥民俗文化、牛街民族文化、先农坛皇家文化、天宁寺塔文化和法源寺宗教文化等，响亮地提出"塑京都历史文化之魂"。广东肇庆以包公文化为突破口开发北宋文化资源，提出建设文化名市。无论是缔造历史文化名牌，还是抓住以前的历史文化符号加以开拓，或者是一些其他的机会，只要注重我们周围生活中日常所看到的和今日所关注的，利用各种信息渠道，寻找使历史文化得以发展和经管的机会，就可以将昨日的文化延展为今天的财富。

在互联网发达的时代，各个行业竞争激烈，根据乡村的特色产品定位营销，销量显然比传统的大棚种植、饲养方式的卖家高，因为农村的优势就是天然无污染，营养、健康、绿色环保。农民也开始玩转微信微博、支付宝，利用互联网这一渠道，农民的农产品产量明显提高，经济水平相比过去成倍提升。在近两年的微信红包和支付宝红包的洗礼下，许多农村人的跨年方式从看春晚变成了摇一摇、集五福，互相的问候是"你摇到了吗?"。互联网深入乡村带来的变化是潜移默化的。互联网和移动互联技术的发展，使农村生活方式和文化也随之悄然改变，农村商品买卖电商化、娱乐线上化、返乡创业等越来越普遍。

精神文化建设是乡村振兴的重要组成部分。在努力探索的新形势下，传统的由政府主导的农村文化建设，已经变成了互联网建设的新方式、新途径。村民用自己对互联网的理解与独特的方式，追求着自己的物质文明和精神文明，对建设社会主义新农村，构建和谐农村具有现实而深远的意义，开辟了农村精神文化生活发展的新局面，物质文明与精神文明达到了平衡。

本书以整合传播为理论基础，以互联网传播为主基调，符合当代特色，针对各种乡村文化开发和商业化案例，分别从四个角度分析总结经验，本书内容通俗易懂，易于学习效仿，操作性强，适合农村乡镇政府、乡村干部及农民个人通过学习，开发当地文化，走上脱贫致富之路。

由于作者水平有限，书中难免有不当或者错误之处，恳请指正。

作者于北京

目　录

第1章　乡村文化 ………………………………………………… 1

1.1　乡村文化有什么 …………………………………………… 1
1.2　文化是一门生意 …………………………………………… 10
1.3　如何靠文化赚钱 …………………………………………… 17

第2章　互联网整合传播方式 …………………………………… 28

2.1　互联网整合营销 …………………………………………… 28
2.2　基于互联网融媒体传播方式特点 ………………………… 32
2.3　乡村文化互联网传播方式选择 …………………………… 36

第3章　乡村文化互联网传播与经营案例 ……………………… 49

3.1　乡村旅游整合营销策略 …………………………………… 49
3.2　乡间特色传播策略 ………………………………………… 66
3.3　乡村文化互联网传播方案 ………………………………… 87
3.4　乡村特产网络传播策略 …………………………………… 108

参考文献 ………………………………………………………… 124

第 1 章 <<<

乡村文化

1.1 乡村文化有什么

寻找文化在何处，要具备的前提是有认识文化的意识。这种意识存在于我们的日常生活和日常行为当中，存在于我们生活中的点点滴滴。我们从一个例子中学习如何发现文化所在，虽然这个例子表面上不是告诉你文化在哪里，但实质上却是启发我们如何去寻找文化的一种思路。

其实，每天只要你一出门，就会看到装饰得各不相同的商店，各式各样的海报，人们不同的着装和街头凌乱的小吃。在乡下，你会看到不同风格的民居，人们的不同饮食习惯，说话习惯，方言的运用，甚至是走路的姿势等，这些每天在我们的眼皮底下发生着的事物，都是文化，或者是文化观念的体现。这样看来，文化时时处处存在于我们的身边。

中国村庄的形成都有其自然、历史等渊源和经济、社会条件，千百年来形成的风格各异的村落民居，承载了丰富的文化、民俗等人文信息，它不仅是农民安居乐业的重要基础，而且是多少中华儿女魂牵梦萦的精神家园。小桥、流水、人家，展现出的是人与自然和谐发展的魅力；山高水长，竹翠林茂，炊烟袅袅，五谷飘香，春和景明，人寿年丰，凸显出的是古朴、富庶、兴旺。徜徉在乡村的田园风光中，人们呼吸着泥土的芳香，远离城市的喧嚣，情感、智慧和理想纳入一片宁静平和之中。这些都是文化的具体体现，饱含着不同的文化底蕴。

无论是乡村还是城市，只要你稍微改变自己一下，换个角度，就会处处发现文化的痕迹。找到了文化的痕迹，接下来便是如何将文化做成生意了。而我们这里所要寻找的文化生意，主要是从乡村起步的，是以乡村为主要视野的，因而首先要在乡村寻找文化的所在。

1.1.1 文化在农家

在乡村寻找文化，听起来主意不错。从乡村之外来看，乡村的文化处处皆是。原因很简单，一是乡村本来就是我们民族的文化发源地；二是乡村与城市的不同发展道路，早就决定了它们不同的人文风景，这些人文风景在乡村便是我们所要寻找的农家文化的主要载体。

农家文化范围很广泛，我们还是从实例出发，先看看鼻子吹唢呐和木偶剧的故事。

 案例

鼻子吹唢呐，木偶也赚钱

"鼻子能吹呐，太神奇了！"近日，来自十里八乡的群众挤满了于都县靖石乡唢呐手刘福长的家庭文化室，当欣赏完刘福长"鼻吹唢呐"的绝活后，大家忍不住赞叹起来。其实，在"唢呐之乡"于都，像这样有"一吹之长"的唢呐手有1 500多名，他们在各种节庆活动上表演，每人每天纯收入40多元。他本人靠吹唢呐每年能够赚5 000元。

再看看当地的其他农家文化活动：银坑镇上排村的康定沐是全县有名的民间木偶剧艺人，他与村子里几个"木偶戏痴"组建了一个戏班，演出足迹遍布全县各乡镇。

于都县的江南百花戏剧艺术团在产业化政策的带动下，剧团规模发展到26人，音响、灯光、字幕机等设备齐全。团长何广平说，由于农民演员的生活化表演和艺术性结合，加上演出具有农村气息的剧目，剧团深受群众的欢迎，每年从8月份进入农闲直到春节，剧团能演出400余场，每天的演出收入可达600多元。除了本县的庙会、喜事外，他们还被邀请到全县甚至广东福建等地演出，演出剧目多以南采茶戏为主。像这样的业余剧团，该县有18个，演员400余名。目前，于都县的传统文化艺术正向产业化过渡，唢呐、戏剧、古文、木偶等形成

的文化产业已具雏形，全县涌现出农民文化产业经营户6 000余个，每年创造经济收入近千万元。

于都县是全省社会文化先进县、全国文化先进地区，该县力促传统文化、民间艺术向产业化发展，变无序管理为主动服务，为农民牵线搭桥，扶持民间艺人闯市场。庙会戏剧、唢呐、木偶等农村传统文化和特色文化活动越来越活跃。民间艺人平日在家务农，农闲或节日、有演出活动的时候才"洗脚上班"。

你看，鼻子吹唢呐是文化，木偶剧艺人代表的也是文化，百花剧艺术团更是文化。在乡村，村民总有一些可以消遣和娱乐的玩意儿。因为是当作消遣的玩意儿，休闲了，却也很少想着是文化，也就更别说把这当作生意去做了。用鼻子吹唢呐的艺人可以一边娱乐，一边赚钱，木偶剧艺人和百花剧艺人也可以。那么，看看你们自己的乡村，有这样的艺人吗？或者，在你们的乡村，有没有一些其实应该是文化现象，你却没有发现呢？

从饮食出发，或者你会更容易找到呢。例如，陕西的凉皮、西安的羊肉泡馍、兰州的牛肉拉面、四川的麻辣烫，等等。对于我们乡村而言，地区之间的交流首先需要从吃、穿、住、行开始。那么，发现文化，也应先从吃、穿、住、行出发，这样，你会看到周围都是文化观念的表现。发现文化是第一步，接下来我们再看看哪些文化是可以当作生意做的。

1.1.2 农民与乡村文化

农家处处有文化,但是这种文化与文化产业之间的距离,并不是轻易就可以跨越的。如何开拓农家文化,并将这种文化与产业化相结合,就是我们要解决和学习的一个问题。其实,如何将农家文化与产业发展相结合,农家人同样有着自己的成功经验,农民与文化产业的发展之间的关联一旦建立,就会变成一种强有力的文化发展力量。

案例

寿光蔬菜——一张地道的农家文化牌

山东省拥有的自主品牌数不胜数,但"寿光蔬菜"这块招牌依旧显得与众不同,它不仅是当地农民"种"出来的农产品品牌,更是属于所有寿光人的"集体答卷"。1989年,寿光市三元朱村党支部书记王乐义带领群众发明了冬暖式蔬菜大棚,他们竟然在数九寒天里,从蔬菜大棚里捧出了顶花带刺的鲜黄瓜!寿光的名字从此就和蔬菜连在了一起。这就是今天"寿光蔬菜"品牌的形成。于是,寿光市委市政府把蔬菜作为富民强市的抓手,把三元朱村的发明迅速在全市推广。大规模的生产,全方位的参与,寿光几乎所有的信息都与蔬菜密切相关,整个寿光都沉浸在蔬菜文化的氛围里。

2005年我国农产品出口额269亿美元,山东农产品出口额占全国的1/3，而"寿光蔬菜"占山东农产品出口的一半。为进一步做大寿光蔬菜品牌，自2000年开始，寿光市连续成功举办了七届国际蔬菜博览会。2006年的第七届菜博会，参观人数达到136万人次，签约额88.6亿元，进一步扩大了寿光蔬菜的知名度和影响力。

为了打造菜博会这一品牌，寿光紧扣"绿色、科技、未来"主题，不断丰富菜博会的内涵，创新会展形式，扩大会展效应。寿光政府每年都投入数百万元，用于招商招展，聘请国内外知名专家、学者，就"三农"问题和蔬菜发展进行研讨，引进世界最前沿的蔬菜技术、品种和理念。

在第六届中国（寿光）国际蔬菜科技博览会主展区，秀美幽雅的环境与高科技现代化气息融于一体，自然朴素的绿色瓜果长廊立体式展现着作物生长全过程。20多棵巨型南瓜和西红、西瓜、黄瓜等60多棵组成的"蔬菜树"真正把种植演成了一种艺术之美。多肉植物组成的亭台楼榭、高山飞瀑、农家小院等上百个组合的景点，处处体现着菜农的"文化思维"。

寿光蔬菜最早的"文化革命"是从栽培领域开始的，5年前在城镇绿色食品示范地，农民们培育出了第一批既可观赏又可食用的"微型蔬菜"，蔬菜不是长在大棚里，而是种在花盒里，当这一特殊的蔬菜一露面，就引起了广大客商的关注，首批600盆蔬菜被抢购一空。蔬菜种植艺术化给了菜农们启发，被称为"蔬菜艺术家"的农民沈欣文将单调的南瓜种成了盆景，在他的大棚里各式各样的观赏性南瓜或生长旺,或叶绿花黄,为市场上的"新宠",同时,寿光菜农还从种苗培育、草种植、产品包装、品牌等各个环节进行文化包装,全面提升蔬菜的文化品位,涌现出了"圣球"西红柿、"王婆"香瓜、"乐义"蔬菜等散发浓郁文化味道的品牌瓜菜。

曲径通幽,沿着古朴的小路行走,忽听淙淙水声,循声觅去,一座以岩石垒叠的假山显现在面前。山上遍植香芹、芦、百香果、花叶苋菜等,流水从三个方向汩汩而下,形成了三方瀑布、八面环水的壮美景观。更叫绝的是美景中有琴音萦绕,顿生仙乐缥缈之感。原来,在假山顶上、万绿丛中,有人正在演奏《渔舟唱晚》的曲子,这便是"寿光市第二届蔬菜艺术节"中的少儿才艺展示,才艺与展厅美景为一体。秀色加上天籁般的琴瑟之音相互辉映,引得游人啧啧赞叹。

1.1.3 经营"中国最美的乡村"

经营"中国最美的乡村",这句话本身便是一种文化意义的拓展,文化的音韵轻松地流淌在我们所要建设和经营的文化产业的背后。婺源也许确有其历史背景,但是可以提出这个文化理念和口号的,关键还是一种文化理念和文化发现。如果我们的乡村人都有这个意识的话,我们的朝圣之地又何止是婺源了!他们在构建自己的地域特色和文化产业上,却率先提出了"中国最美的乡村"的理念,我们来看看他们是如何做的。

 案例

回到婺源去

"人类都是从乡村走出来的,如今又回来了!"相聚婺源,我们这是朝圣来了,2005年1月6日上午,中国民间文艺家协会分党组成员、副秘书长向云驹在"2005婺源中国乡村文化旅游节"开幕式上动情地说。这一届乡村文化节请来了四川、贵州、云南、湖北等地少数民族的21支来自外地和婺源本地的表演队一起用带着乡土气息的歌舞和民俗风情上演了一场乡村文化的盛宴。素有"书乡"美誉,这里是朱熹的故里,铁路工程师詹天佑的家乡,著名学者金唐的祖籍地。自宋至清,全县考取进士552人,留下历代文人学士著作3 100多部。2002年,上饶市评选出的十大历史文化名人中,该县就占有3人。婺源博物馆馆藏文物已达万余件,有"中国县级第一馆"之称。

在婺源行走,不经意间就会触摸到历史,沾上古文化气息。一幢幢明清古建筑诠释着村庄昔日的光华,一座座尚存且沿用的古桥讲述着徽商的创业历程,一块块精美绝伦的木雕、石雕砖雕折射出前人闪光的智慧。据了解,全县有12个全国民俗文化村,10个省级历史文化名村,其中理坑、汪口还被评为"国家历史文化名村"。前不久,婺源又被《中国国家地理》杂志和30多家网络媒体评为"中国最美的古镇古村"。

近年来，婺源按照4A级景区标准，先后开发了鸳鸯湖、文公山等27个风景名胜景点，开辟了东、西、北三条精品线路。乡村文化的繁荣使婺源的旅游产业迅猛发展。统计资料显示2005年1-10月份，全县接待境外游客214万人次，实现旅游综合收入3亿元。全县有大小旅馆170多家，旅游从业人员达2万人，村文化不仅兴了业，也富了民。以江湾晓起村2004年全村实现门票收入120万元，综合收入600万元，使全村人均收入达3 000元。婺源还涌现一批以经营旅游、文化为主业的商人。个体私营业主方根民投资2 000万元建设了江西最大的茶文化中心；婺源民间民俗博物馆主任程永红把经商挣得的数百万元又全部投资到民间文物收藏上。

建设"中国最美的乡村"！这是一个多好的文化主意。有一个好的文化主意，还要想着如何把它转化为现实。将人类的起源与回到婺源结合起来，可以打动多少人的心灵。是啊，谁不愿意回到最美的乡村，回到人类的起源处，在那里享受田园的气氛，感受乡村文化的气息。婺源县以旅游为核心思路，逐渐建设起来茶文化中心、民俗博物馆、民间文物收藏等乡村文化，形成了一套以经营旅游、文化为核心的文化产业发展思路。农民站在自己的地盘上，也收获了文化带来的好处。

1.2 文化是一门生意

1.2.1 节日与文化产业

我们不仅仅是从村落的历史中寻找到发展文化的契机,村落里日常文化的节日,也是文化延续和文化流传的重要线索和遗迹。因而,如何把各种乡村的节日发展和丰满起来,让它们也站在文化生意的立场上进一步延展农村的文化产业,应该是一条需要探索的新路。下面的案例恰恰是这种思路的一种尝试。

案例

乡村青年文化节

汉南区是武汉市的一个郊区,面积 270 平方千米,人口为 10 万人,其中青年 4 万人,团员 5 300 人。全区有直属团委 40 个,直属团总支 11 个,基层团支部 319 个。汉南区东临长江,南接江汉平原,具有悠久深厚的历史文化底蕴。而近年来团组织蓬勃开展的"乡村青年文化节"活动,更增添了汉南区的文化内涵和个性魅力。在汉南说起"乡村青年文化节",可谓家喻户晓、妇孺皆知。2002 年 5 月 26 日,汉南大地披起节日的盛装,"武汉市首届乡村青年文化节"在汉南区有才中学拉开了帷幕,汉南区15 000多名群众走上街头庆祝这次盛会。2003年4月6日"汉南区纱帽文化旅游节乡村青年文化节"在区滨江广场隆重举行,纱帽街又一次万人空巷。两次文化节,举办了歌舞表演票友会、青年书画展、植物画展、风筝比赛和踏青赏花等活动,让广大群众享受了一顿丰盛的文化套餐。两次"乡村青年文化节"共有5万多名群众参与其间,在只有10万人口的汉南区可谓盛况空前。

"乡村青年文化节"不仅是乡村文化的荟萃,更是经贸活动的丰收。两次文化节期间,还举办了武汉市青年企业家汉南招商洽谈会、武汉市青年星火带头人科技赶集会和汉南企业商贸展示会等活动,各路客商云集汉南,达成多项投资贸易和合作意向,协议金达4亿多元,有力地促进了全区经济发展。

一个简单的主意——乡村青年文化节,不仅仅提供了文化享受,还举行了招商会、商贸展示会,在一个带有强烈文化气息的场合,人与人之间的陌生感消除了,大家彼此享受着人类最自然的娱乐形式,戒备心也随着降低了,投资意向和合作意向就更容易达成。其实,我们的节日很多,端午节、元宵节、元旦、中秋等,这些节日如今在城市里已经日益成为商家赚钱的一种商机,对于乡村而言,许多节日原本就来源于这里。如果从文化的意义上,转换思路,就可以将节日的文化意蕴和产业化结合得很好。

因此,文化活动有时是可以做成生意的一个大的环境和铺垫,有了这种铺垫,文化背后的生意才会更顺利地完成。

1.2.2 文化在大院里

常常说文化大院，似乎这大院是与城市连接在一起的。但是，文化既然飘扬在每个角落，村落自然也要有文化大院，也要有经营文化大院和发展文化大院的人。

案例

藏书大王与文化大院

"没想到山沟里还能飞出金凤凰！"在遵化市东旧寨镇祝店子村文化大院内，村民围着刚从北京领奖回来的祝守森，兴奋之情溢于言表。原来，以这位"藏书大王"名字命名的文化大院不久前被评为全国先进农民文化大院，全省仅有两个基层文化场所获此殊荣。如今，文化大院成为村民最爱光顾的场所，连河东村、姚家峪等周边五六个村的群众也前来借阅图书，学文化、重科学在当地已成为时尚。这一可喜局面的形成得益于他们在农村文化建设方面坚持以"宣传文化示范村"工程为切入点，紧密结合文明生态村建设，并充分发挥相关部门职能，从而形成加速推进农村文化建设的强大合力。

2004年以来，遵化市着眼于提高农民综合素质，繁荣农村群众文化生活，深入实施"宣传文化示范村"工程。在加大扶持力度的同时，注重发挥"穷棒子"精神、当代"活愚公"精神，充分调动村民自建的积极性。祝店子村被确定为首批市级宣传文化示范村后,祝守森为方便村民阅览,将两万多册涉及农村生产生活的个人图书全部捐给村阅览室。富裕起来的侯家寨乡北下营村投资40万元,建成了"文化活动中心",群众自发组成了50多人的秧歌队。在他们的影响下,全乡19个村全部建成了文化大院,文化活动搞得丰富多彩。2005年,该市新建文化示范村100个,文化示范乡镇8个。示范村充分发挥"以点带线、以线连片"的辐射带动作用,促进了本地及周边地区经济与文化的良性互动。

遵化市不断拓展文明生态村创建内涵,将文化建设融入精品村的创建中。2005年投入100万元专项资金,用于64个精品村更换宣传橱窗,修建文体活动场所,购置图书等。同时,积极开展独具地方特色的文化活动,活跃农村文化生活。连续两年举办的"文明生态村歌大赛",极大地调动了群众的参与热情。遵化市还拿出万余元党费,设立10个文明生态村读报村,鼓励农民开展读报活动。

文化由政府来扶持、来投资,村民有带头人,并集体参与到其中,不仅可以享受文化所带来的信息,还可以由此来进行文化投资,使鸡生蛋、蛋生鸡的循环进入良性轨道。对于目前的农村文化产业而言,政府扶持、投资应该是一个比较现实的选择,但是必须从经营层面上与农民的切身利益相结合,否则,政府的行为最终只能是在很浅的层面上流于形式了。

1.2.3 戏剧也能赚钱

中国的地方戏剧种类繁多,大多数只是在民间流传。作为村落文化传统的一种重要组成部分,戏剧一直处在村落间自行流传的过程中。在寻找和发现文化产品、文化生意的时候,将地方戏剧重现作为文化符号加以分析,从中找到一个好的发展思路,对于中国农村文化的产业化而言,无疑是一种新的文化产业道路。

案例

琼剧与经济发展

琼剧又名海南戏,流行于海南岛及雷州半岛地区。有海南人的地方就有琼剧,在东南亚,琼剧始终是生活在海外的海南人思念故土的精神桥梁。海南省现有登记注册的琼剧团 54 个,其中绝大多数属于民间性质。前几年由于体制滞后、观念老化、人才匮乏及缺少精品力作等原因,大大影响了琼剧的发展,出现了演出票房低迷,市场萎缩的状况。随着海南文明生态村的创建,各级政府本着弘扬本土文化,普及地方剧种,开拓市场,丰富农民群众文化生活,促进当地经济社会发展的宗旨,开发琼剧产业,将它作为创建文明生态村的一个重要内容。他们采取了一系列的措施,其中包括将国营琼剧团推向市场;给琼剧艺术团必要的经营自主权;鼓励支持琼剧艺术专业、业余作者创作改编剧目；组织会演、调演，活跃舞台；扩大对外交流，增加对外演出频率；修建琼剧广场，保证基础设施完善；减免琼剧团税费，等等。政府的扶持参与给琼剧的发展注入了活力，形成几十家琼剧团走乡镇，演出不断的火爆场面。

琼剧在海南每年的需求量大约是7 000场，一个剧团每天演一部戏最低收入是1 000元以上，一般收入是5 000元以上。一年下来，一个剧团收入可达70多万元。琼剧走向市场，不仅解决了现有人员就业，同时也为更多的琼剧爱好者搭建了就业舞台。在海口市大致坡文明生态村，目前有10家琼剧团在此落户，为方便来这里看演出的群众，该村修建了琼剧文化广场，川流不息的游客带动了当地经济的发展。

地方戏在中国不同地区可谓是五花八门，各具特色。在经济力量不断作用下，民间戏剧的生存看起来已经成为一个问题。但是，作为我们传统文化的一个特色之一的地方戏不会消失，它是我们的根的一部分。那么，琼剧如何发展呢？一方面是将其推向市场，另一方面是将其和创建文明生态村结合起来，打生态与文化两张牌，这样互相促进，将旅游、生态和文化结合起来，自然会带来经济效益。

1.2.4 农家乐——一种特殊的文化经营

农家的生活场景既然已经逐渐成为都市人消费的一种趋向，那么，从农家的多方位生存环境出发,可以找出很多的文化经营内容。让城里的人去参观和体验农家居住的快乐,村民们逐渐发现了新的文化市场痕迹。

案例

武汉市东西湖区休闲游,鼓了村民腰包

武汉市东西湖区石榴红农庄村民严祖雄夫妇,接待了来自市内的40多名游客,一天收入达1 600元。二老忙得不可开交,急忙把在城区打杂工的两个儿媳召唤回家当帮手。在石榴红农庄,像严祖雄这样做"农家乐"致富的农户为数不少。"品居"是装修最美观的农家,宽敞明亮的标准客房里,电脑、空调、自动麻将机、现代化的餐具设备等一应俱全,主人老吴共投资2万多元。从2006年2月份开始,短短几个月时间里,老吴家已接待游客上千人次,月收入达8 000元。

据了解,石榴红农庄村民已从原本单一的蔬菜种植拓展出7种增收渠道:种菜、住宿、餐饮、认养地、土特产品供应、菜果采摘、保洁保安劳务等,村民们生动地称其为"七星高照",2019年,石榴红村已接待休闲游客57.85万人次,旅游综合收入达到5 963.71万元,人均纯收入已达到24 800元。较2005年,村民人均收入增长了近7倍。

"休闲游",一个时尚的概念。忙碌过后,人们需要的是精神上的放松，看惯了都市的景色，偶尔到农家小院来休闲，安静地享受着清新的空气，聆听大自然声音，休闲意识和休闲文化拯救了乡村文化，也成了乡村文化可以做成生意的一个好主意。

1.3 如何靠文化赚钱

1.3.1 昨天的文化

文化处处在，文化本身就是财富。文化不仅仅是精神财富，而且可以转化为物质享受和物质利益，关键在于如何转变眼光，将昨日的文化提升为今日的财富。

1. 文化资源的开发

有这样一个故事：有个富家子弟特别爱吃饺子，每天都要吃。但他又特别刁，只吃馅，两头的皮尖尖就丢到后面的小河里去。好景不长，在他16岁那年，一把大火烧了他的全家，父母急怒中相继病逝，这下他身无分文，又不好意思要饭。邻居家大嫂非常好，每餐给他吃一碗面糊糊。他发奋读书，3年后考取官位回来，一定要感谢邻居大嫂。大嫂对他讲：不要感谢我，我没有给你什么，都是我收集的当年你丢的饺子皮尖，晒干后装了好几麻袋，本来是想备不时之需的，正好你有需要，就又还给你了。

现实生活中，市场的竞争是你死我活的战争，谁占领了先机，谁就在市场上有了优势，好心的邻居大嫂把你丢弃的"物品"贮存起来，这就启发我们要在日常的生活中寻找和发现，积累和继承，这样才可以寻觅到开发文化资源的机会。

2. 文化资源的配置

对于文化管理而言，产品的选择和配置原本也是需要有文化意识的，古语说：鲜花配美人，美酒敬英雄。其实说的就是一个文化资源的配置问题，这里配置主要指的是文化习惯和文化欣赏的口味问题，对于市场而言，便是如何与消费者的消费习惯相吻合的问题。

一个地方的文化，尤其是积淀长久的历史文化，最能显示地方特色，最能凸显地方形象，最能张扬地方个性而吸引人们的眼球。因而，各地打造历史文化品牌已成风起云涌之势。如何将昨天的历史文化充分利用和发展出来，目前各地在传统文化的利用上主要有以下几个特点：

第一，挖掘本土历史文化，显示民族和地理文化特色。如甘肃响亮地提出打造六大品牌特色文化：敦煌文化、丝绸之路文化、黄河文化、伏羲文化、石窟文化和民间民俗文化。湖北提出打造"湖北特色"的五大文化品牌，其中前两项属于历史文化资源类型，即以三峡文化、武当文化、三国文化等为代表的旅游资源历史文化和以辛亥首义文化、红（苏）区文化为代表的革命历史文化。江苏编制一部电视剧《江山美人》，也是旨在打造秦淮文化品牌。市级的，如太原提出打造晋源文化品牌（晋祠、天龙山），湄洲岛打造妈祖文化品牌，嘉兴打造江南文化之源品牌，孝义打造山药蛋派文化品牌，上虞以英台故里而荣耀打造梁祝文化品牌。县级的，如广东连平打造颜氏文化品牌，甘肃陇西打造李氏文化品牌，湖南新晃自治县欲更名为夜郎县，打造夜郎民俗文化品牌等，真是俯拾即是，不胜枚举。

第二，各地打造历史文化品牌。南京市全力彰显老城的文化魅力，积极申报世界遗产城市，决心打造一批具有国际影响的历史文化品牌。北京市西城区集中打造传统文化精粹——会馆文化、戏曲文化、名人故居文化、大栅栏传统商业文化、天桥民俗文化、牛街民族文化、先农坛皇家文化、天宁寺塔文化和法源寺宗教文化等，响亮地提出"塑京都历史文化之魂"。肇庆市以包公文化为突破口开发宋王朝文化资源，提出建设文化名市。

第三，企业家积极介入运作。近年来，开封市打响清明上河园、翰园碑林文化品牌，主要得力于企业的整体运作。天津方舟旅行社与黄山市屯溪区签下了屯溪老街的经营权转让合同。方舟用亿元买断屯溪老街，意在打造和提升屯溪老街的文化品牌，全面激活当地文化旅游市场。以下我们通过几个实例来看看他们是如何做的。

文化市场提升长沙品位

你可以走进炎帝陵寻根探源，拜祭中华民族始祖；你可以去桃园洞国家森林公园，领略原始和野趣，也可以到猛洞河漂流，到张家界看景，还可以领略土家文化；你可以到佛教圣地南岳衡山，可以夏观云海，秋望日出、晓霞，冬缆雪景；你可以撩开湘西神秘面纱去感受沈从文笔下的边城异质文化。长沙市新建成国家、省、市三级文物保护单位共79处。但人们单纯把注意力集中在我们丰富的历史景观，散失在民间的艺术工艺品却无人问津，如富含浓郁民族风情的瑶锦，湘西的苗锦、扎染，踏虎的剪纸，汝城的藤编，桃江的竹雕、根雕，浏阳的菊花石，永顺的土家，通道铜柱，湘西苗、土、瑶、侗等民族的刺绣执花等不胜枚举，这些都藏在深山人未识，而出现了香港打工仔带上1万元来旅游，吃、住、行用去300元，还剩7000元想买些有特色的礼物带回去，却无从买起的尴尬。

当两个政协委员，抱着让湖南走向世界，让世界了解湖南文化，用文化提升长沙城市品位的朴素想法，写出了《关于创建湖南文化艺术品大市场的建议提案》，并提交长沙市政协会议。这份提案在政协会上引起极大的反响，也引起市委市政府的高度重视，立即组织相关人员前往考察，并于2002年1月1日长沙市政府正式批准成立湖湘文化艺术品大市场。一个中南地区最大的文化大市场诞生了，它必将成为文人墨客、客商云集的文化宝地，长沙的城市品位进一步得到提升。

文化艺术品，不仅仅是都市化的，在我们这个时代，更主要的是在民间，而民间的艺术品由于地理和人文的原因，还依然留在昨日文

化的记忆中,还只是处在耳闻而无从购买的境地。政协委员的提议,政府很快采纳,成立了文化艺术品市场,昨日的文化进入了市场,开始了走向明日的步伐。

案例

北京通州亮出大运河文化产业名片

中共通州委员会、北京市通州区政府等单位主办的中国(北京通州)京杭大运河文化节于2006年10月15日在北京举行。北京通州区抓住"京杭大运河申遗"时机,以"京杭大运河"文化节为平台,向中国、向世界展示以文化产业为核心的新通州"盛世图"。

2006年运河文化节以"扬运河传统文化、宣传和谐魅力、促进文化产业发展"为主题,运河文化节以通州为中心,联合沿线4省、2市、70多个市县共同承办。文化节期间,举办艺术品交易会、图书交易会、新城规划展、高级研讨会等活动,主办方在运河文化广场、奥林匹克公园、帆影广场、亲水平台、三教庙等地,围绕发扬运河文化,举办艺术品交易会,图书交易活动;围绕创新型城市,通州新城发展成果及目标,举办亲水平台剪影、高级研讨会等;并同期举办具有国际影响力的文化、文艺盛会,扩大运河文化节的知名度,提升文化品牌效应,带动通州经济文化的飞速发展。

京杭大运河，一个历史的符号，我们在中学的历史课本中就已经熟知，觉得那只是历史，被尘封在那个已经消失的时代了。运河文化节则重新将它从历史的尘封中翻了出来，并将它作为文化节的核心来进行宣传，还要申请世界文化遗产。轰轰烈烈地把沉睡的昨日文化烙印在今日的行程中。文化的历史和现代社会就这样被衔接上。在我们的历史中，还有多少这样被尘封的符号，是不是也可以拿出来晾一晾，好叫它们也重见 21 世纪的光明，并开始升起希望呢？回答是肯定的。

无论是以文化来提升某一城市的文化品位，还是以大运河这一历史符号来继续今天的文化经营，这些昨日的文化都可以成为今日文化发展的契机。

1.3.2 今天的财富

从昨日走到今日，今日的财富如何从昨日的历史文化中蔓延出来，也就是如何发展现在的文化经济，这里举几个有特色的例子，让我们来看看他们是如何将历史建构在今天的文化生活中的。

案例

"横店"以大文化的手笔办大文化产业

横店集团是以工业为主体的民营乡镇企业集团。20 世纪 90 年代中期，横店集团在大力发展高科技产业的基础上，进军文化产业。经过短短几年时间，发展成为以影视、旅游为主体，宾馆、娱乐、商贸运输、信息教育、体育、卫生等多元化经营的现代文化产业，建成了亚洲规模最大的影视拍摄基地，并且成为首批"5A级国家旅游区"。

投资建造《鸦片战争》拍摄基地，使横店走上了文化发展之路。如果说《鸦片战争》拍摄基地的建设主要是为了迎接香港回归，加强爱国主义教育，更多地从经济效益考虑，那么，在影片拍摄和公映期间的效应，使他们看到了发展文化产业的广阔前景。

一是拍摄期间大量群众演员的投入，戏剧服装、道具的制作以及围绕剧组吃、住、行等各方面的配套服务，创造了大量的新的就业岗位；二是大量外来参观的人流，拉动了横店的社会消费，促进了宾馆餐饮等服务业的发展；三是大量的媒体报道，带来了难以估量的广告效应。三大功效使得横店集团看到发展文化产业巨大的市场潜力和美好前景。在制定二次创业发展战略时，他们明确提出，把以影视旅游业为龙头带动第三产业全面发展作为一个战略重点。

此后几年中，横店集团根据影视拍摄的需要，充分利用横店的荒山、荒坡和原有的文化景点，陆续建成了香港街、秦王宫、清明上河图、江南水乡、横店老街、明清宫苑，以及枪战片、武打片、古民居、古战场多个拍摄基地，同时，还建起了全国规模大的摄影棚。横店影视城吸引了越来越多的国内外知名导演、明星前来拍戏，短短几年时间，就有150多部，2 000多集影视剧在横店拍摄完成。目前，横店影视城已经成为亚洲规模最大的影视拍摄基地，被美国《好莱坞报道》杂志称为"中国的好莱坞"。

影视拍摄基地带动了戏剧服装、道具制作，制景搭景，拍摄器材租赁和群众演员组织等新兴行业的兴起。现在横店岩前、杨店、横山、雅堂等8个邻近拍摄基地的村（居）已成为"群众演员专业村"，每天都有几百名群众演员配合剧组拍戏，每年的劳务收入达到近百万元。与此同时，横店集团还组建了自己的影视娱乐公司和影视文化传播公司，开始自己拍片制片，制作电视节目，参与影视节目市场的竞争。此外，他们在创办《横店集团报》《横店影视旅游》报刊的同时，还投资参与了《江南游报》、《风名胜》杂志、《中国第三产业》杂志等传媒业的运作。

影视基地建设突出的效应是带动了旅游业的迅速兴起。1996年以来，到横店旅游的游客平均每年以近50%的速度增长。横店影视文化游已成为国内旅游的著名品牌，被列入浙江省黄金游线路。2000年横店影视城被国家旅游局列为首批"4A级国家旅游区"。为了把旅游产业进一步做大，集团充分挖掘旅游资源。目前在建和规划建设的项目有"夏文化"和国家级森林公园、八面山、荷花芯、屏岩洞府等自然景观；对外通过旅游资源整合，正在构建杭州超山、浦江神丽峡、磐安花溪和黄檀景区等旅游线路。

影视和旅游的发展还带动了宾馆餐饮产业的发展，该集团投资的宾馆就已达到 8 000 个床位，同时集团还以每个床位补贴 500 元的办法，鼓励和扶植私人投资办旅馆。现在横店个体经营宾馆已达到 2 000 个床位。人流带动物流，带动了商贸业的发展，集团投资兴建了面积达 18 万平方米的设施一流的国际商贸城，仅半年时间就成为世界贸易中心协会（WTCA）的正式成员，并成功举办了"国际食品与食品加工技术设备博览会"等 4 个大型展会和多个商品展销会，横店正在成为浙中地区的商贸中心和会议中心。

拍摄《鸦片战争》原本打的是爱国主义的牌，一个偶然的机会，却因为客观的影视建设使横店走上了文化旅游、影视基地的文化发展道路，由此而带动从影视基地发展到影视旅游基地，服务性的行业也一起发展起来。在他们的经验中可以看到，偶然地将历史的符号在建筑物上重现，却缔造了今日的文化财富，这些财富再延伸拓展开来，便是一个综合性的文化产业了。

其实，将历史符号拉出来并不难，难的是如何利用有利时机把历史符号在现实中找到依托，一旦依托有了，根基就有了，然后再想办法将生意做起来，这条思路很简单。不要因为他们的今日就忘记了当时的起步，我们每一个乡村都有自己的历史，学着思考如何与现在的乡村结合起来，都会有一个不错的发展机会。

案例

"三道茶"从昨日到今日

  大理喜洲严家民居旅游公司总经理严学侯是大理从事"白族三道茶歌舞表演"的第一人，1992年4月，严学侯把"三道茶"这一白族民间沿袭了上百年的传统礼仪，和喜洲最有代表性的白族一家民居大院整合在一起推向了市场。10年后，严学侯自己又投资了300多万元，建起了占地1 500平方米，具有典型白族建筑特色的新严家民居。通过"三道茶"表演，游客就可以看到白族独特的建筑文化和白族的民风民俗，所以特别受游客欢迎。每年的7—10月份，每天都有1 000人左右到这里观看演出。2002年，严家民居接待游客20多万人次，收入达到100多万元，小小"三道茶"让严家民居火了起来。越来越多的游客慕名来到严家民居，游览观光颇具特色的白族民居，品尝回味白族"三道茶"，观赏白族民间歌舞表演，体验"一苦二甜三回味"的人生"三道茶"。深厚文化底蕴的注入，给传统的民间礼仪增添了新的活力，"三道茶"每年都为大理州带来近300万元的收入，成为大理旅游文化消费的一大品牌。昨天的文化，变成了今天的财富。

  "三道茶"，听起来很简单，很日常化的一个名字，用了10年的时间，却成为大理的一个文化品牌，并将之与白族的民居形式结合，共同构成了旅游的核心。文化消费带着历史的痕迹、历史的符号"三道茶"与民居的院落，就这样由昨天的文化变成了今天的财富。这样简单的文化符号，在不同的村落处处皆是，只是村民们已经太习惯了。一旦习惯，往往就忘记这也是文化的一个部分，所以要从习惯中寻找昨天，从昨天中看到今天的希望和财富，是一个选取和眼光的问题。

文化是一张无论从哪个角度都是可以使用的牌，就看你会不会使用它。

第 2 章

互联网整合传播方式

2.1 互联网整合营销

2.1.1 整合营销传播

整合营销传播理论是时代的产物,它的出现在极大程度上影响了广告界和营销传播界,影响深远。它引入中国后,受到了中国学界与业界的一致认可。在时代的发展中,整合营销传播理论也在不断发展,中国的学者结合国情,也对整合营销传播进行了不同的阐释与延伸。

美国西北大学教授唐·舒尔茨在其代表作《整合营销传播》(1993年出版)中集中体现了他的整合营销传播思想。在整合营销传播理论出现和发展的早期,舒尔茨认为要以消费者为核心,改变传统的企业行为和市场行为,使用多样化的传播方式,向消费者传达统一的品牌形象,传递一致的信息。让品牌在消费者心中占据重要地位,建设品牌与消费者之间长期、稳定的关系,从而更加高效地达到传播品牌、营销产品的目的。

随着时代的进步,营销环境发生变化,舒尔茨对整合营销传播理论的认识也在变化:"整合营销传播是针对现在顾客和潜在顾客,通过多种形态的传播方式来说服受众,从而达到影响受众的目的的传播形态,整合营销传播并不仅仅是营销理论,它还是一种营销手段、营销理念和营销模式,强调与消费者的沟通和营销传播手段的整合。"

舒尔茨的整合营销传播理论反映了营销传播层面的整合思想,单一、分散的营销传播方式不再适用。市场环境的变化需要品牌以消费者为中心,强调品牌信息传播的一致性,与消费者进行双向沟通,建立稳定而和谐的关系。

2.1.2 整合营销传播的特征

1. 以一个声音谈话,一种形象示人

整合营销传播兴起于20世纪90年代,一个全面开放的全球社会和全球市场逐渐形成,媒体和传播渠道日益多元化,大众媒体逐渐衰微,分众媒体兴起。传播渠道和信息数量迅速增加,在信息传播过程中的噪音也明显增加。媒体数量的日益增加和不断分化,使得品牌有更多的营销方式进行选择,消费者也不断接收着各式各样的

信息，这种情况使得单一的品牌信息很难从铺天盖地的营销信息中脱颖而出，更不要说使人们记住。传播和沟通在市场中的地位越来越突出，但是却变得比以往更加困难，在这种背景下整合成为一种必然的选择。

整合营销传播的目的就在于充分认识并综合协调所使用的传播手段，把新闻、媒体、广告、公关、促销、直销、CI、包装等一切传播方式都涵盖到营销活动的范围内，共同发出一个声音，即"一个声音说话，一种形象示人"，使传播影响力达到最大化。这不仅是一种营销手段的变化，更是一种营销传播观念的变革，核心就是让品牌在各式各样的受众心中形成一致的形象和达成共识。

在整合营销传播中，整合是一个协同一致的过程。在新的网络新媒体环境下，大量社交媒体和新媒体的导入，传播渠道空前增多，更加需要进行整合营销传播。如果对外传播信息不一致，更加容易造成信息传播接触点的冲突及混乱。保持信息协调一致性，可以避免不同营销传播手段所传递信息之间的相互干扰和矛盾，使消费者形成对品牌连贯而清晰的印象，发挥协同优势，向外界提供协调一致的品牌形象。

2. 以消费者需求为导向

在卖方市场阶段，消费者选择不多，只要产品质量过关，价格合适，进行一定的市场推广就能获得较高的利润。但随着生产力的提升，产品数量和种类急速增长，市场已经进入买方市场阶段。消费者成为市场的核心，企业的营销策略制定、产品生产都要围绕着消费者的需求来进行，满足了消费者的需求才能获得较高的回报。在整合营销传播中，营销与传播是一体的，它是"营销"与"传播"的综合体。整合营销传播摒弃了传统的以品牌为中心，由内而外、单向的传播方式，而是从现实和潜在客户出发，再反馈到品牌沟通者，"由外而内"地选择最能够满足客户对信息的需要。在传播过程中，整合营销传播主体需要与消费者进行有效的互动沟通及传播信息，与消费者建立稳定而长久的关系，了解并满足消费者需求，从而实现品牌价值和效益最大化。

此外，整合营销传播与传统营销方式的最大不同在于其一贯强调与受众的沟通互动，了解受众的需求与想法，实现信息的有效传递，从满足受众的角度进行营销传播，建立与受众互相信任的关系。随着互联网技术和网络社交平台的深入发展，信息的沟通与交流受空间和时间的限制变得极小，只要能连上网络，交流就能实现，通过网络进行沟通也成为人们的生活和工作习惯。在沟通与表达如此便捷的情况下，受众已不再满足于单方面接受传播者传播的信息，他们更多地倾向于表达自己。整合营销传播改变了传统营销传播活动，注重品牌与受众之间建立和谐、共赢的关系。同时，随着互联网和新媒体的普及，线上互动打破了时间和空间的距离，利用新媒体进行整合营销传播，为受众带来更加便利和多样化的传播体验，强化了受众对品牌信息的认知。

2.2 基于互联网融媒体传播方式特点

"融媒体"的概念来源于"媒介融合",早在1977年国外学者安德鲁·纳齐森就对"媒介融合"下了定义,他认为"媒介融合"是印刷媒介、音视频媒介和互联网数字媒介之间的联盟。传统意义上,"媒介融合"一般指不同形态、特征的媒介进行物理叠加,并进行信息传播。随着社会的发展和互联网、新媒体的兴起,各种传播介质之间的融合进一步深化,促进了"融媒体"时代的到来。"融媒体"是对"媒介融合"的高度概括,它以互联网为基础,整合了传统媒体和新媒体,实现资源、内容、传播的融合,具有全媒体、全时空、全功能、全覆盖等特点,相较于"媒介融合"它能进一步增强信息传递的质量和效果。在"融媒体"时代,整合营销传播根据时代和媒体的变化也发生演进,具备了新的特点。

2.2.1 传播的同一性

整合营销传播兴起于20世纪90年代,这个时期媒介数量和种类剧增,互联网也投入商业化运作,电子邮件、BBS、网页等技术应用也逐步扩展,互联网进入Web 1.0时代。这一方面为受众提供了海量的选择,另一方面也使受众的注意力被分散。华南理工大学段淳林教授认为这一时期的信息传播具有单向性、中心性和静止性。这一时期的媒介，如报纸、杂志、电视、广播以及逐步发展的互联网等，在信息的传播上仍然是从媒介发出信息到受众接收信息的单向传播，受众虽然可以通过书信、电话等方式对媒介进行信息反馈，但无法参与到信息的传播和生产过程中。由于技术和资源的优势，大众媒介在信息生产和传播过程中仍然占据了主导地位，受众大多是信息的接收者，自由表达观点较为困难，媒介占据了信息传播的中心。并且在信息传播过程中，媒介几乎是信息的唯一发布者，受众通过媒介来获取信息，而无法对信息进行二次加工和传播，信息传播是静止的。

在这种背景下整合营销传播开始兴起，早期的整合营销传播理论代表学者舒尔茨、邓肯都认为在整合营销传播中要统一传播目标和传播形象，从而传递一致的品牌和产品信息。它强调将多样化的传播与促销手段整合到营销活动的范围内，并把这些手段进行协调和统一，共同发出一个声音，传递出一致的品牌信息，聚焦消费者关注，使品牌的传播影响力最大化，其核心就是创造"同一性"和达成共识。

2.2.2　传播的互动性

随着互联网技术的发展，网络媒介逐渐兴盛，出现了很多新的媒介形式，如国外的Facebook、Twitter，国内的博客、新浪微博、微信、抖音等，网络媒介大多是基于用户关系的信息分享及传播，也可以称之为社会化媒体。用户可以在社会化媒体上进行交流、互动，发表自己的观点以及作品，他人也可以对自己的观点和作品进行回应，沟通与互动得到空前的加强，传播者也从媒介的专业人士向普通用户转变，即"人人都是记者"。这一时期被称作 Web 2.0 时代，这一概念于 2004 年提出，但 Web 1.0 与 Web 2.0 之间并没有明显的时间分界线。

网络媒介的出现对传统媒体产生了巨大的冲击，众多传统媒体在空前的危机下开始寻求出路，与互联网对接，开始了媒介融合之路。传统媒体虽然遇到了巨大的挑战但其人才和品牌优势仍然存在，新媒体也可以与传统媒体进行优势互补。媒介融合的本质在于媒体之间的界限变得模糊甚至是消失，媒介之间相互融合，并在融合过程中发生了渠道、内容等资源的共享。媒介融合从形式上看来是传输渠道的融合，即传统的纸质媒体、电视媒体和互联网媒体的融合；内容上是文字、图片、视频影像和声音的融合。

社会化媒体的最大特征之一便是传播的互动性，此时的受众不仅仅是信息的接受者，而是集生产者、传播者和接收者于一体，用户可以自由表达意见并且传播信息。段淳林认为 Web 2.0 时代的传播是以用户为中心的一种互动传播，一个用户的参与能够带动更多的用户参与。

实际上舒尔茨和邓肯都认为在整合营销传播中需要"培养与相关利益人的良好关系"，马庆栋、张建华则认为整合营销传播实际上指的就是沟通。在媒介融合中媒体的互动性得到了进一步加强，整合营销传播中互动的重要性也进一步凸显，基于此 James w. Peltier，John

A. Schibrowsky、Don E. Schultz 和陈欢[1]认为整合营销传播在这个时期衍生出了一种新的营销形式——"互动式整合营销传播",这是在融媒体环境下营销传播环境、传播模式变革的产物。新媒体的互动性对信息实现双向传播和互动功能有很大的帮助。

2.2.3 传播的体验性

随着时代的发展,计算机技术、传感器技术与通信技术等技术开始融合,互联网开始逐渐进入多向传播的 Web 3.0 时代。这一时期的媒介,基于现实生活并融入现实生活,通过各式各样的智能设备成为用户生活方式的组成部分。媒介融合也随之进一步深化,信息的对外传播不再仅仅依靠大众媒介,而是有了更多的渠道和选择,可以多方位、全角度地进行传播。

传感器技术的发展使得消费者可以利用智能技术获得虚拟体验,在其中获得满足感,如正在逐渐成熟的 VR、AR 技术就是其中代表,只需戴上一副眼镜,便可切身体验一个模拟场景,这使得体验营销日趋兴盛,体验性也逐渐内化在整合营销传播之中。体验营销的概念来源于体验经济,约瑟夫在 1999 年提出了"体验经济"的概念,他认为人类的历史形态可以分为产品经济、服务经济和体验经济三个阶段。体验经济是强调为受众创造舒适体验或感受的一种经济形态。

《体验式营销》是伯德·施密特博士的著作,书中指出体验营销包括受众的感官、情感、思考、行动、关联五个方面,要根据这五个要素重新设计思考方式和营销传播方式，站在受众的体验角度来构思，以受众在整个接触过程中的感受为核心。体验式的整合营销传播要求以体验和创新为核心，为消费者带来沉浸式的、令人难忘的体验经历，同时要出人意料，令人感叹和惊奇。这是因为消费者的猎奇心理能够促使他们在情绪的支配下对产品进行购买，而体验营销往往注重消费者在体验过程中的心理活动。

2.3 乡村文化互联网传播方式选择

2.3.1 新媒体对农村文化传播力的影响

新媒体改变了乡村文化传播方式，促进了乡村文化的传播。乡村由于人员流动较少，与外界缺少沟通，乡村文化在空间上具有封闭性的特点，而今由于互联网的到来，从时间和空间两个维度突破原有的传播方式，打破了这种封闭性特点，实现了文化的共享。一方面，由于互联网的交互性、界面友好性、操作便利性等特征，拓展了农民社会交往的空间，在此语境下，互动、参与、去中心化等理念深入人心，本土文化不断更新，一定程度上缩小了城乡数字鸿沟，人们的世界观、价值观会在文化碰撞过程中逐渐达成共识，新媒体一览见图2-1。另一方面，新媒体的出现促进了农村一些传统文化的传播。如乡村舞蹈，戏曲等传统的文化形式也通过互联网展现给城市和更多的人，引起了国家政府对基层文化的关注，一些文化遗产逐渐显现。

图 2-1　新媒体一览（注：原图来自互联网）

新媒体的出现拓展了更加广泛的文化传播平台与传播渠道，肖恩·麦克布赖特等在所著《多种声音，一个世界》一书中指出：人类最初是发出一些原始的，来源于其身体结构的声音和姿势或手势，后来才逐渐创造一整套传递信息的手段，如音乐和舞蹈、鼓声和火光等信号，图画和图形符号，包括象形符号和后来出现的表意符号[2]。长期以来，农村文化的传播就主要依靠这种人与人之间的口口传播，后来逐渐出现广播、电视、报纸等传统媒体，提高了他们获取文化信息的能力，但是传统纸媒体时效性较差。随着农村经济的不断发展，目前一些新型媒体也逐渐进入农村，改变了他们原有的信息传播模式，诸如各种多媒体、WiFi、便携式智能移动终端等新媒体技术的出现，从时间和空间两个维度改变了原有的传播界限，使得信息传播更加快速。由于新媒体的出现冲击了原有的传统媒体，因此，传统媒体也在不断地革新，衍生出自己的新产品，如数字电视，数字期刊、数字报纸等。这种新旧媒体的优势互补与良性互动，优化了原有的传播路径，构建了一种新的传播系统，多种渠道的融合，提高了农村文化信息传播效果，加大了社会信息资源的流通、开放和利用，促进了城乡一体化发展，尤其在全球一体化的进程中，各种新媒体为加快文化的整合过程提供了有利平台。

新媒体能够有效刺激多元的文化形式产生，一种新的文化传播媒体出现，不仅仅是以一种文化形式存在，还是一种文化系统的组成元素，这种新媒体进行文化传播时，形成一种新的文化秩序规则，因此，这种不同于传统媒体的新媒体，可以将原来单一的农村文化重新包装，出现多种形式。例如，在传统文艺表演之前，可利用高科技和计算机技术来营造虚拟影像，给观赏者呈现极为高端的视觉享受，以一种新的形态出现，这样新旧文化相互融合的状态，能够创造出新的文化形式，促进农村文化的多元化发展。

新媒体在沟通交流中具有良好的交互性、界面友好性和操作便利性。村民以新媒体的使用便捷特性为基础进行文化交流，能在足不出户的情况下，完全有能力获得外界文化信息，也可将农村文化传播出去，这对农村信息传播效率提升发挥了重要作用。因此，新媒体在市场规律的规则之下让文化传播得更加快捷，这样能使文化传播范围更广泛，时间更短，能满足人们日益增长的文化需求。随着社会文化不断的发展变化，新媒体也要随着时代潮流的发展不断更新，让传播方式更加形象直观，才能满足人们对不同文化的需求。

随着"三农"经济的不断发展，村民在物质文化不断获得满足的情况下，对精神文化的需求也越来越高，对文化传播形式、传播效率、审美等方面的要求也在逐渐提高。因此，必须通过创新探索新媒体技术来满足人们的精神文化要求。科学技术是第一生产力，把科技应用到文化传媒中，不断提高新媒体技术，各级政府对新媒体的研究应加以重视，加大资金扶持力度，建立科学的，合理的研究体系，才能不断丰富农村文化内容，提高农村文化的传播能力。

文化是一个国家和一个民族的灵魂，是支撑民族发展的栋梁，在潜移默化之下影响着一个民族，它对公众的行为和思维起引领作用。中国是一个历史悠久、文化底蕴深厚，流传着千年文化的国家。尤其是在农村，有着更具有代表性的传统文化，但是由于农村地大物博，人员稀少，封闭性较强，使得这种悠久的传统文化很难得到弘扬和流传。近年来，新媒体的出现，使得农村一些传统文化得到了更好的弘扬，但是也因物化消费阶段公众价值观的转变，使传统文化面临着前所未有的危机与挑战。因此，新媒体要充分发挥自己的优势，优化和提炼传统文化的精髓，让中华民族的传统美德来感染公众。借助新媒体技术构建农村地区人们与时俱进的文化观，努力塑造出农村地区各民族应该拥有的文化身份和形态，树立农村地区各民族的文化精神，增强民族凝聚力，推动中国传统文化的快速传播，让更多的人了解中华民族悠久的历史文化，提升国家或地区的文化软实力。

科技创新和体制改革是当前推动文化发展的两大主要动力。近年来，中国的文化经济产业发展势头较好。但是，由于城乡之间经济发展的不平衡性，使得文化产业发展差距较大，因此，应充分发展农村文化产业，促进城乡间的平衡，延长文化产业链，提高农村文化传播力度。而新媒体本身也是一种文化，同时也为文化产业与文化传播提供了强大的驱动力。互联网技术，数字化技术等一系列新媒体技术的出现，不受时空的限制，而且能自由而灵活地适配不同的社会行业，对发展农村文化产业带来前所未有的机遇。新媒体可以根据不同的需求，不断优化传播载体，使人们对于城乡之间丰富的社会资源实现共享，也可以通过新媒体的智能化技术，实现生产、管理、营销、传播等的智能化，可减少农村地区文化产业的创业成本和运营费用，有效解决农村资源稀缺的问题，实现农村文化设施的更新和服务水平的提高，促进农村文化产业的可持续发展，提高文化产业的经济效益。

不同区域、不同种族、不同民族之间的文化体系也不相同，但是这种文化差异并没有明确的界限，而是往往通过互相融合，促进文化更好地发展。在新媒体的发展下，农村地区也可以实现文化的相互交流，文化的全球共享，因此，农村地区应充分利用新媒体的技术，尽可能地吸收城市以及国外的一些先进文化，不断地更新和优化自我文化体系，从而使得新媒体传播的农村文化更具时代性和进步性，在这种文化重组的背景下，即兼顾了不同区域、不同民族文化的优势，也壮大了农村地区民族文化体系[3]。

遵循农村地区文化发展的市场规律，探索出文化产业的经营管理模式和新旧媒体的传播机制改革，促使农村文化产业与文化传播协调发展，扩大农村文化传播的影响力，提高农村文化的竞争力。比如，利用新媒体技术提炼民俗文化和农耕文化，打造农村文化的多媒体产品，向全国各地展示农村的文化特色，通过特色文化的宣传，将带动周边旅游业、服务业的发展。因此，新媒体可通过和传统媒体的有效结合，为农村文化传播提供重要的平台和渠道，彰显农村文化的独特魅力，促进农村文化软实力的发展，提高农村的综合竞争力[4-6]。

新媒体的发展开辟了全新的文化形式和传播模式，对于提高文化产业、弘扬民族文化、增强民族凝聚力、加快先进文化的传播等方面发挥了重要作用。农村的乡土文化是一个民族不断衍生的智慧结晶，是乡村社会人文精神进步的结果，农村要跟上时代的步伐，充分利用新媒体，提高农村地区文化传播力度，同时剔除文化传播中的糟粕，取其精华，不断增强农村地区的文化软实力[3,7]。

2.3.2 社交平台

农民习惯于过着安分守己的生活，他们的生活节奏、生活状态和规则是很难被打破的。以往的农村，血缘和地缘关系的亲近让人们彼此之间的交流面对面就可以完成，稍微远一点的亲戚朋友可以通过捎口信的方式联系。后来有了电话，人们更多的是选择打电话发短信，从此很长一段时间都保持着这种较为单一的联系方式。然而随着新媒体的普及和使用，农村居民之间的传播渠道不再以单一的面对面交流为主，而是逐渐呈现出多元化、间接化的特点。社交媒体上亲缘和地缘关系的有限存在，正体现了新生代农民的社交意愿以及对传播手段的选择性使用。社交媒体正是如今被农村用户选择的传播手段之一。因为它类型众多，便捷且易获得，能够迎合人们的社交需要，社交平台一览见图 2-2。

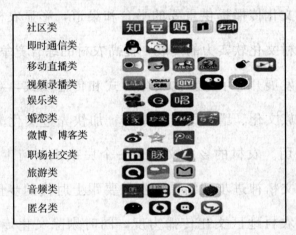

图 2-2　社交平台一览（注：原图来自互联网）

传播渠道的多样性首先体现在用户联络方式的多样上。在调查中提到，回答"您现在联系家人、朋友用以下哪种方式比较多"这一问题时，49.6%的人选择"用微信等新型社交媒体较多"，14.8%的人选择"用电话、短信较多"，35.6%的人选择了"两者都经常用"。可以说明，人们在传播渠道的选择上更具有多样性了，而且大众更加倾向于使用新型的社交媒体，甚至部分人在访谈中表示，新的社交媒体可以取代传统的联系方式。其次,传播渠道的多样还体现在社交媒体类型的多样上。村民在进行生活或工作沟通时的选择也是由自身需求决定的。即时通信类社交媒体,如微信、QQ等;匿名交友类,如soul、探探等;娱乐类社交媒体,如抖音、火山小视频等,都深受不同群体的喜爱。这些APP应用虽然有不同的功能定位,但是都有着相同的特点:使用的便捷性、传播的多向性以及社交性,农民在不同的场景下,选择使用不同的社交媒体,传播渠道的选择更加自由[8]。

传播渠道的丰富也得益于在社交媒体内的表达符号多元化。符号在人们的社交活动中扮演着辅助作用,它常常是社交主体主观意志的具体化、形象化表达。比如表情符号":)"在聊天中表示"善意的微笑"。符号的使用与现实生活中的聊天不同,在符号化的聊天语境中,是受众到虚拟空间中再造的一个公共空间,这一个空间是不受现实生活影响、自由意志表达的空间,每个人都可以选择适合自己的方式表达自己的想法。

相较于传统的联系方式,社交媒体表达符号本身就比较多元。文字、语音、表情符号是社交媒体最基本的三大符号。文字一直都是聊天的常用符号,语音的增加提高了聊天的效率。而动态图片、自制表情包等新的社交语言的出现,就更加丰富了社交媒体的娱乐性,例如网上风靡的"熊猫人"系列表情包,进一步带动了用户"斗图"的热情。表情包的使用使原本较为烦琐的交流礼仪被简化——"我给你一个表情你就懂了",这种交流方式的简洁便利一定程度提高了聊天的效率和趣味性。

人类学研究提出的"复媒体"（poly-media）概念用以解释在低成本通信环境中人的媒介选择。在"复媒体"时代，人对通信媒体的选择是多样的，并且越来越不依附于科技接入（access）与资费（cost）的考量，个人对不同的通信工具和方式的选择实则代表在实际社交生活中对不同传播对象的社交规范、期待与判断。总的来说，农民的社交方式不再像以往一样单一且缺乏效率，他们可以根据不同的交往对象和环境，选择适宜的社交方式和多元的传播。

农村受众构成复杂，在年龄、学历和社交观念、媒介接触度上都呈现出很大的差别，因此社交媒体的影响也是有差异的。调查发现农村受众的媒介依赖程度与年龄呈反比，年龄越大，媒介依赖程度越低。老年群体面对这一新鲜事物，存在着很多的困难。一方面是主观上缺乏使用热情；另一方面由于缺乏有效的指导，在使用手机打电话都面临着不识字、不会操作等困难，更别说进行一系列功能复杂的社交媒体的操作了。中年人相较于老年人来说，使用和了解社交媒体的动机比较充分，而且在经历了其他大众媒介潜移默化的影响后，对于社交媒体的接受度更高，但是使用习惯也有自己特定的规律。而年轻人由于在外学习或者务工创业等，媒介接触时间较早且接受能力较强，他们往往对新鲜事物的好奇程度也比较高，所以在使用社交媒体时就显得更加游刃有余。因此，具有差异性的农村受众，在社交媒体的作用下呈现出与往日不同的社交诉求。

2.3.3 短视频平台

短视频具有内容制作门槛低、视频上传便利、分享互动及时等优势，作为影像和声音的结合，短视频所包含的信息含量更大，更能冲击受众的神经，短视频媒介正逐渐成为新一代的乡村文化的记录载体。不可忽视的是，快手短视频平台的推荐机制也导致了乡村景象呈现上内容的趋同，短视频平台一览见图2-3。

图2-3 短视频平台一览（注：原图来自互联网）

1. 内容生产传播的便捷化

快手短视频平台中乡村呈现的传播主体是快手中的乡村用户，快手短视频平台具有内容制作门槛低，视频内容上传接收便利，分享互动及时等特点，这些特征给受教育程度不高，媒介使用能力较差的乡村用户进行内容生产提供了可能。与传统的视频生产相比，短视频平台在上传技术、硬件、制作成本上具有优势。短视频平台用户只需下载相关应用，就可以成为内容的生产者，随时随地分享日常生活成为可能。以快手短视频平台为例，界面上只有关注、发现、同城三个分类，操作十分简单，电子产品技术掌握不够娴熟的乡村用户也能得心应手地运用。随着快手短视频平台的发展，各类的滤镜、水印和配乐的出现，个性化的短视频也应运而生，呈现乡村景象的视频内容也更为丰富。

在短视频内容传播方面，以快手为例，短视频内容不仅可以分享给快手平台的好友，还可以分享至微信好友、微信朋友圈、QQ好友、QQ空间、新浪微博。不仅可以满足熟人的圈层传播，还可以通过多方位的传播实现裂变式的扩散传播。快手短视频具有的社交媒体属性，使得普通乡村用户得到技术的赋权，快手乡村用户在网络空间中以视频的形式记录个体眼中的乡村景象，并通过社交网络进行互动，将个人的私人空间无限扩大，在一定空间内形成群体交往，为群体创造新的乡村景象。短视频媒介为乡村景象的实时记录与分享提供了便利，凭借即时、互动、海量的媒介技术优势，快手短视频跨越了时空的限制。

2. 短视频媒介的记录功能

作为影像和声音的结合，短视频所包含的信息含量更大，更能冲击受众的神经。4G网络的发展和通信资费的降低让短视频的随时随地播放成为可能，碎片化的短视频形式更好地契合了受众内容消费习惯。基于以上几点，短视频媒介成为新一代的记录载体，正在成为一种新的记录语言和记录方式。在短视频平台这一虚拟空间里，用户进行生活日常的记录和交流互动，短视频用户不仅可以追寻传统的乡村文化记忆，还能建构当下的乡村文化记忆，也可以想象未来的乡村文化记忆。笔者在知乎APP"如何看待'快手'这个APP"的提问里，随机选取了100个回答，其中有回答提到"快手展现的是真实的世界，没有距离感，具有亲和力，记录世界，关注每一个个体""在快手里看到普通人记录生活，小人物分享不一样的故事""四川大山里的姑娘、高铁工人等例子可以看出快手把记录这件事做到极致""快手不试图改变这个世界，做的是记录这个世界"，这些评论体现了快手短视频的记录功能得到了认同，短视频正逐渐成为新的媒介记录载体。

在选取的110个样本视频中，通过分析得出，视频制作的直接目的是记录生活的样本数达到了82，占到了总样本数量的三分之二以上，在这些记录生活的短视频中乡村场景直接暴露，没有美化，也没有丑化，是一种对乡村日常生活的直接记录。在快手这个把记录这件事做到极致、充满力量感、展现生活本质的短视频平台上，大凉山百姓、新疆农民、乌苏里江渔夫、东北采参人、江湖艺人、工地小工、养鸡网红、手工艺人等普通却富有感染力的快手用户完成了对乡村生活的记录。

3. 推荐机制导致乡村呈现趋同

短视频平台的程序推荐容易造成内容趋同，强化了用户模仿，受众以模仿高点击率的视频来得到官方的推荐，推荐机制在推动乡村文化景象展示方面发挥了积极作用，但也逐渐暴露出一些问题，主要表现在用户模仿过分注重视听效果而忽视内涵建设，涉及乡村文化的视频内容存在形式雷同、内容重复的问题。

短视频媒介对乡村景象媒介展现的冲击是显而易见的，乡村用户只能被动地接受来自手机端的信息，受到短视频中意见领袖的视频内容及视频风格影响，容易对普通乡村短视频用户的内容生产形成影响，出现同质化的视频内容。此外，由于对短视频媒介的好奇心促使乡村用户投入时间精力在短视频的消遣上，使得农村文化创作式微，乡村用户的文化创造的主观能动性减弱。

在对样本视频进行分析时发现，以乡村美食为主要视频内容的快手用户的风格有雷同之处。"乡村美食"视频标签下的"罗小象"与"乡野丽江娇子"的风格十分相近，两者都以美食名字的艺术字体作为视频封面，配乐都是轻快的纯音乐，衣着都是以素色的长裙为主，经常出境的都是自己的小孩。又如样本视频中"伍阿哥视频"和"大山农村生活"两位快手用户，两者的视频风格也十分相近，"大山农村生活"的自我介绍为分享农村原生态美食，记录大山深处农村生活，"伍阿哥视频"的自我介绍为生活在大山深处。两者的视频都是以红底白字长条字框作为封面，视频内容均为乡村特色美食，土豆、腊肉是视频中经常出现的食物[9]。

第 3 章

乡村文化互联网传播与经营案例

3.1 乡村旅游整合营销策略

3.1.1 南丰旅游整合传播策略

南丰旅游[10]的三大主要亮点：一是以南丰蜜桔为代表的特色经济产业；二是以曾巩文化、红色文化为代表的历史文化底蕴；三是以潭湖生态养生岛为代表的自然风光资源。以往"世界桔都，福地南丰"这一品牌定位，过分地突出"南丰蜜桔"的特性，反而会让受众认为，南丰的旅游产品只有蜜桔。品牌定位论强调要突出品牌的特色及整体性。"南丰蜜桔"作为南丰旅游的主要特色，可以作为主要卖点进行大力宣扬。如果将南丰旅游的三大亮点进行合理整合，构建"三位一体"整体化品牌定位，将更好地推动南丰旅游的发展，对南丰世界桔都宣传见图3-1。

图3-1 世界桔都 休闲南丰（注：图片源自互联网）

南丰旅游资源丰富，对其去粗取精，选取最具代表性的卖点进行品牌化的建构。笔者提出以"秀美桔都，休闲南丰"作为南丰旅游品牌定位的主要内容。"秀"突出南丰人杰地灵、人文景观秀气；"美"体现了南丰景色优美、风景如画的旅游资源特性；"桔都"诠释南丰旅游的独特卖点——南丰蜜桔；"休闲"则是强调了南丰县域旅游的主要功能。这一品牌定位可全方位向受众展示南丰旅游产品特性，突出旅游的休闲、观赏及学习功能，让受众感知旅游产品的立体、丰富。

1. 整合资源与服务，推动品牌融合

在对南丰旅游品牌定位后，围绕定位对旅游资源与服务进行整合。对旅游产品深度加工，将服务融合到旅游活动中，在不同类型的旅游资源中建立独特且富有内涵的联系，凸显品牌效应。利用南丰自然景观与蜜桔产业形成的互补态势，实现自然景观与蜜桔产业的融合，观赏自然景观的同时也是对蜜桔产业的深入了解。提出以"观桔景"为品牌传播口号。登军峰山瞭望南丰桔海，游潭湖生态园可欣赏两岸桔景，突出南丰自然观赏资源所具有的独特性。

挖掘人文景观的内涵蕴意，以"品桔韵"作为品牌传播口号，将南丰的"曾巩文化""古镇文化""红色文化"与桔都韵味深度融合。在参观曾巩文化纪念园中感受桔都的书香气息，在观赏船形古镇中领略南丰古城的历史韵味。以"品桔韵"来诠释南丰人文景观，突出人文景观特色。同时，利用微信公众号与"掌游南丰"APP建立服务资讯平台，增添旅游智能服务设施，提供更加智能化、人性化的服务。开辟反馈渠道，积极吸纳受众建议，不断完善改进旅游产品，将服务工作贯穿至旅游活动全过程。

此外，运用统一的元素能够突出品牌化特性，运用南丰的独特元素"蜜桔"来促进旅游产品融合。在颜色方面，可使用与蜜桔颜色相近的金黄色作为宣传色，既突出了南丰蜜桔特性，又便于受众认知。设计金黄色的蜜桔 logo 作为传播的元素，将其广泛运用在南丰火车站、高速路口等重要交通枢纽；公园、桔园、文化广场等旅游景点；交通指示牌、宣传牌、户外广告、杂志广告等媒介上，实现品牌的有机融合，见图 3-2。

图 3-2　精致南丰　赣东屋脊

2. 以新型媒体为主导

"互联网＋旅游产业"是时代发展的必然。随着新型媒体的崛起，笔者认为要以新型媒体为主导，适当减少在传统媒体上的广告投放。在每年秋季旅游旺季时选择在江西卫视与东南卫视电视媒介进行广告投放，而以往在平面媒介投放的广告则可适当转投至新媒体。

搭建"两微一端"沟通平台。目前南丰旅游已有"自媒体"——微信公众号与微博账号，手机客户端也在进一步建设中。但是"两微一端"对于一个县级旅游城市而言，很难获得受众的持续关注。因此，明确其主要用途，力争将"两微一端"搭建成与受众进行沟通的平台。

重新定位"南丰旅游"微信公众号。一是定期发布南丰旅游宣传软文、游记，鼓励原生居民与常住居民积极转发，利用六度人脉理论来扩大公众号的影响力。二是充分发挥微信公众号的服务作用，提供线上一对一咨询服务。此外，重新将微博利用起来，经常发送一些南丰旅游资讯，积极与受众互动，拓宽交流渠道，见图3-3。

图3-3　南丰旅游

利用OTA（手机APP与PC端）进行传播。根据问卷调查数据显示，多数受访者在获取旅游地信息时一般倾向于通过OTA，而非进入当地旅游官方网站。但是目前国内影响力较大的OTA多是宣传国内大中型城市以及国外热门旅游城市的信息，较少提供有关县域旅游的信息，且信息并不详细。因此，一方面，在线旅游市场应跟随时代潮流，将目光更多地转向县域旅游这块"大蛋糕"；另一方面，南丰旅游策划主体要积极与在线旅游市场达成合作关系。运用OTA进行宣传。在携程、途牛等OTA手机客户端与PC端内详细介绍南丰相关信息及旅游景点，并提供交通、食宿方面的信息，便于受众出行。在旅游旺季时，通过OTA推送相关的旅游游记、软文以吸引受众。运用大数据功能，与OTA手机客户端展开深度合作，利用手机APP基于用户的定位功能与大数据功能，向到达附近的手机APP用户推送南丰旅游消息与相关的优惠活动。向搜寻类似县域旅游的用户推荐南丰旅游，以吸引潜在目标受众。

此外，还可以积极利用影响力较大的旅游类微信公众号及目标受众地官方微信公众号来进行营销传播。目前，旅游类微信公众号知名度较高的有"骑驴""蚂蜂窝自由行""爱奇旅"等。借助旅游类微信公众号及目标受众地官方微信公众号如"南昌发布""赣州发布""福州发布"等。选择在南丰旅游旺季即将到来时与公众号达成合作关系，向微信用户推送南丰旅游的情况介绍、优惠活动、游记软文等，来吸引受众。

3. 以移动媒介为补充

移动媒介具有目标受众精准，传播到达率高的优势。2014年年中，中国铁路总公司对各铁路局列车冠名权放开，许多企业与商家纷纷瞄准了这一移动新型媒体，动车冠名一时炙手可热。

动车冠名不同于公交、地铁、普速火车等的移动媒介，以冠名的形式进行推广更能够突出品牌形象。动车冠名具有聚合更多高层次人群，目标受众更加精准，覆盖与到达率高等特点，十分符合旅游品牌传播策略的诉求。旅游品牌冠名动车，能够更好地提升品牌知名度。此外，49.25%的受访者倾向于选择说走就走的旅游，因此选择县域沿线的动车冠名，可更好地激发受众"冲动购买"。

南丰旅游品牌传播可针对目标受众，依托境内交通优势，在旅游旺季（每年的9月至12月），选择辐射目标受众地的和谐号动车来冠名。例如：冠名D295/296（郑州—福州），对火车车身喷绘南丰旅游logo标识，利用车厢广播播放南丰旅游简介，车厢内提供南丰旅游全景图，在电视媒体中循环播放南丰旅游形象宣传片。以移动媒介作为补充，通过冠名动车，来彰显南丰旅游的品牌形象，使旅游信息能够准确达到目标受众。同时也能吸引潜在受众，受众在列车途中接收信息后，激发前往南丰旅游的欲望。

4. 以口碑传播为助力

受众在选择县域旅游目的地时计划时间较短，常常会倾向于亲友的介绍，因此在南丰旅游整合传播过程中，要重视口碑传播的作用。

口碑传播是一种非正式的人际传播活动,具有强大的市场控制力,被誉为"零号媒介"。具有成本投入低、可信度高、效果好等特点。口碑传播一般在"超乎客户预期的体验"的情况下诞生,即提供的产品或服务超过了受众的预期,受众要想以口碑传播为助力,首先要在南丰旅游中为游客提供优质的旅游体验与服务,向受众展现个性的旅游内容。将南丰旅游品牌与口碑点结合,南丰旅游品牌的核心就是南丰的"蜜桔文化",蜜桔文化不仅是蜜桔,还包含了南丰的秀美桔景以及深厚的桔韵。将南丰的"桔文化"作为口碑点,让游客在旅游后通过口碑传播向亲友介绍南丰的"桔子甜,桔景美,桔韵浓",从而吸引更多潜在受众。其次,要充分利用南丰常住居民以及原生居民的人际关系网,进行口碑传播。让南丰所有的常住居民、原生居民都成为传播主体,引导他们利用自媒体,转发南丰旅游相关文章,如原创个人游记、乡愁情思。南丰县旅游发展委员会也应对一些原创较好的文章给予奖励,并适时举办一些有奖征文活动,鼓励广大居民的积极性,参与到传播活动中,扩大传播覆盖面,见图3-4。

图3-4 "橘子红了"影视传播

在构建媒介矩阵后应充分考虑媒介排期，县域旅游作为一种有旺季、淡季之分的季节性产品，可采取起伏式排期方式。在旅游淡季（夏季、秋季）时，通过南丰旅游"两微一端"进行传播，依靠南丰原生、常住居民的转发，来维持南丰旅游品牌影响力。在旅游旺季（春季、秋季）时，调动各方面力量进行传播。在江西卫视、东南卫视投放旅游广告；与在线旅游市场及有影响力的微信公众号展开进一步的合作，通过文字、图片等方式大力推介南丰旅游；并通过动车冠名的方式来传播南丰旅游品牌形象。通过起伏式排期的方式，集中宣传时间，减少宣传经费投入，最终实现传播效果最大化。

5. 创新实用信息

实用性的信息主要包括：南丰县情简介，旅游景点具体情况，门票费用等介绍，酒店餐饮、交通出行方式介绍，旅游路线制定等。以往的实用性信息多以单向介绍为主，信息传递方式沉闷，因此笔者认为，可以通过以下方式来创新实用信息的传播。

第一，以动画、海报漫画等形式来呈现实用性信息。将内容投放至南丰旅游微信公众号、微博及各大OTA软件上。以"蜜小桔"作为动画与海报漫画的主角，动画以诙谐幽默的方式向受众告知南丰的具体情况、旅游景点简介、出行方式与小贴士；海报漫画以连载的形式逐一向受众介绍南丰各旅游景点，并登载在微信、微博中。

第二，运用大数据，并基于受众性格及旅游产品选择偏好，通过OTA软件目标受众推送个性化的旅游线路。详细告知受众线路游玩方式、景点门票费用,推荐酒店餐饮,以更好满足受众个性化需求。

第三,设计微信网页小游戏。设计让受众选择倾向的景点类型、酒店风格、饮食风格等问题,通过分析受众的选择偏好,为受众推荐适合的游玩景点、出行方式、酒店、饭店等,并且赠送相应的优惠,激发受众的游玩欲望。

在创新实用信息传播的同时,也要注意在各媒介中所投放的信息内容应保持一致,并对信息定期更新。

6. 运用事件嫁接

利用热点事件与旅游品牌的传播活动进行合理嫁接,借力热点事件的高关注度,可以更好地吸引受众的注意。在甄选热点事件进行嫁接时要遵循以下几个原则。

一是要合理筛选。在社会化媒体高度发达的当代,每日有成百上千条新闻事件被报道。在对嫁接事件进行选择时,应选择受众关注度高、参与度高的事件,这类事件能够更好地引起受众的共鸣,吸引受众持续关注并愿意参与到其中。

二是要抓住重点。事件选择合理与否不代表能够实现预期的效果,在事件嫁接策划的过程中必须要准确地找到能够与受众沟通的重点,寻找到合适的切入点,积极与受众展开互动,才能创造事件嫁接的价值。

三是要重视时限性。热点事件的发生具有时限性,很可能一些热点事件的发生是转瞬即逝的。因此,必须要在最短时间内做出快速反应,并整合各种资源,以期取得事件嫁接的最优效果。

2016年10月初,蚂蜂窝自由行微信公众号推送《看了〈从你的全世界路过〉,是否有想去稻城的冲动》一文,利用这部电影刚上映时的持续高关注度,来吸引受众去阅读,在稻城旅游旺季之际,扩大了对稻城旅游的宣传。这一文章一经发布,就有近7万阅读量,在一定程度上宣传了稻城旅游品牌,并吸引了更多的受众前往稻城旅游。龙湖山旅游微信公众号在2016年12月底推送文章《想逃离十面"霾伏",那就来天然氧吧龙虎山洗洗肺吧》,利用这一时段受众对于雾霾问题的关注与抵触心理,来宣传龙虎山旅游,同样也获得了高关注度。同理,南丰旅游在整合传播过程当中可以运用事件嫁接的方法,对一些社会热点事件或热播电视剧、电影进行嫁接,投放在本地微信公众号以及一些影响力较大的新媒体公众号与微博中,吸引受众阅读,提升媒介影响力,扩大旅游品牌知名度,见图3-5。

图3-5 南丰在线欢乐游

7. 推动跨界融合

在"互联网+"时代强调跨界营销,任何活动形式与旅游融合相加都可能会发生奇妙的化学反应。2014年,《变形金刚4》电影开篇长达5分钟的重庆武隆美景,虽然这一独特的广告植入耗资千万,但效果却显而易见。随着《变形金刚4》的热映,重庆武隆的旅游热度不断上升。仅在2014年端午三天小长假,武隆景区接待游客近35万人,旅游收入成倍增长。早年《乔家大院》的热播使山西乔家大院成为著名旅游景点。近几年,《狼图腾》《盗墓笔记》等电影也纷纷带动了国内许多景区旅游产业的发展。

同样,一些户外真人秀及电视节目的拍摄,如《爸爸去哪儿》《舌尖上的中国》《奔跑吧兄弟》《天天向上》等栏目为旅游地带去了巨大的经济效应。电视节目前往云南普者黑、黑龙江雪乡、吉安井冈山、古北水镇等地,迅速提升了当地旅游品牌的知名度,吸引许多受众前往,带动当地旅游产业的发展。2017年年初,民谣歌手赵雷在《歌手》节目中以一曲《成都》感动了许多观众,同时也带动了成都旅游的发展。曲中唱诵的玉林路、小酒馆、文殊院迅速成为游客们所热衷的旅游景点。吟唱城市的歌曲,《成都》并不是第一首,早年间《北京 北京》《澎湖湾》《浏阳河》等歌曲都是以城市为歌名,歌颂城市的人文风情。音乐与旅游的跨界融合,以乐曲的高传唱度从而带动旅游的发展。

T2O(TV to Online),节目电商化的模式不断被各行各业瞄准,顺利地推动了跨界融合,实现双赢。当然,跨界思维并不仅仅局限于与电视剧、电影、综艺等节目之间的跨界融合,手机游戏、网页游戏等产业与旅游产业进行跨界融合,同样能够起到很好的效果。在南丰旅游整合传播过程中,也可使用跨界营销的方式,以本身独特的"蜜桔资源"与"蜜桔景观",与一些热门综艺、电视剧IP、手机游戏等开展合作。通过跨界融合,不断将县域旅游做大做强。

3.1.2 张家界天门山乡村旅游[11]

天门山又名云梦山,地处张家界永定区南部郊区,因为世界罕见的奇景"天门洞"而得此名,"天门洞"有记载以来历经1 754年,位于高海拔的千寻素壁,南北向天然穿山溶洞,山上分布着众多珍贵动植物,古树蔚然,青苔、石笋遍地,有"天界仙境"之称。1999年和2006年两次世界特技飞行表演让天门洞闻名世界。除此之外,全长7 455米的"天门山索道"其长度、技术、安全系统等都打破了世界纪录,令人惊叹。天门山的高海拔消弭了四季,夏季的山中依旧春意盎然,是十分理想的避暑胜地,见图3-6。

图3-6 天门市胜景

1. 张家界天门山乡村旅游景区新媒体营销成功经验

创意事件营销，聚焦公众眼球。天门山的营销理念自1999年的世界级的飞行特技大师驾驶飞机穿过天门洞获得世界关注之后，一直未变，秉承着以创意事件聚焦世界眼球的理念，天门山随后又开展了多项令世界称奇的活动。2006年天门洞飞行特技表演、2007年蜘蛛人徒手攀爬千寻素壁、2010年天门索道对决、2011年天门山"冰人"抗寒赛、2013年99弯通天大道漂移对决、2016年悬崖舞蹈秀，2018年全球唯一空中乐队Houle Douse飞悬于天门洞顶的高空扁带上带来表演。天门山的创意活动一直以来都以挑战极限的方式获得众多关注和超高的话题，这一营销方式也在2018年被录入中国案例共享中心。

聚焦荧屏，提高品牌曝光度。2018年中央电视台的《东西南北贺新春》节目，张家界天门山景区成为全国五大录制场地之一；中央电视台《机智过人》节目也曾制作连续两期天门山特辑；《新闻联播》节目中再现天门山壮丽雪景。2019年新年伊始，天门山悬崖清洁工应邀参加湖南卫视开年综艺大戏《更上一层楼》的节目录制，见图3-7。

图3-7　湖南电视台《更上一层楼》录制画面

通过地方电视台再到省台最后到中央电视台,天门山乡村旅游风景区一步步逐渐走进全国各地游客的心里,依托电视台带来的张家界天门山品牌的影响力及公信力使其增加了与游客的信赖度,更有效地推广了景区的品牌效益。

借助手机媒体,扩大景区影响力。天门山营销理念和事件本身就极具话题性和新闻热度,均引发全媒体报道,传播速度之快,涉及范围之广,累计传播受众量高达数亿人次。景区擅于捕捉景区各方面的细节,再加以文字修饰形成社会新闻。且又非常注重时效性,根据时间节点,进行新闻推送。这样不仅可以一直持续保持景区的话题热度,还为景区带来"正能量"的影响力,手机端天门山报道见图3-8。

图3-8　腾讯新闻手机端关于天门山报道

利用火爆黄金周,打包新媒体营销。国庆黄金周一直是全民旅游首选的假期,2018年天门山"十一"纳客量达16.6万人,高峰时段 1 小时近 1 万人。不仅纳客人数荣创新高，天门山利用黄金周期间上线各大新媒体营销，关注度超 10 亿次。首先在各大手机新闻媒体客户端推送天门山新闻，再利用微博央视新闻的官媒账号发布实时消息，在央视滚屏播报天门山，景区更是携手央视新闻移动网进行现场直播，在移动网、今天头条、微博直播等平台进行直播，累计观看量超 1 000 万次；张家界之声广播电台的直播车更是直接进入景区为游客带来实况信息的播报，新京报、腾讯视频发布《天门山开挂女司机》视频再次引爆关注度……短短 7 天的时间，天门山利用了微博、电视、电视台、视频网站、直播、手机新闻客户端等能所用的一切媒介，对景区进行高密度、高频率的播报，借助黄金周为景区带来了最大限度的引流和宣传营销，见图 3-9。

图 3-9 国庆期间天门山微博直播截图

3.1.3 浙江乌镇古镇[11]

乌镇位于浙江省桐乡市，原名乌墩，由于乌镇的土壤是河流冲击淤泥形成，因土壤颜色较深，故称为乌墩。根据"谭家湾古文化遗址"推断，乌镇拥有6 000年的历史，自春秋起便有记载。而乌镇的建筑也有1 300年的历史，是我国江南六大古镇之一。乌镇的四季景色各异，雨季较多，雨水充足，盛产水稻，"鱼米之乡"说的便是这里。乌镇的建筑保存良好，沿河建屋，小桥流水石板道，乌镇的楼宇、街巷、桥梁、梭船、流水错落有致，形成江南人家独有的韵味。乌镇设有民俗馆、百床馆、木雕馆、钱币馆等文化馆，当地保存着书院、当铺、染坊、古戏台等旧有设施，此外，乌镇的姑嫂饼、定胜糕、三白酒也是不可错过的珍馐，在乌镇能同时品人文景色之美，尝时令鲜甜之味。

从古镇到戏剧节、互联网节和当代艺术节，乌镇俨然成为当代旅游文化风尚的引领者。城市中人不仅要感受这里的小桥、流水、民俗、小吃来缓解远离故园无所凭依的焦虑，同时也要依赖乌镇聚集的时尚文化提升自己的精神追求。

依托大数据平台，打造智慧旅游。依托阿里云大数据，乌镇建立了国际旅游区的综合管理专有的云平台——"乌云"。该平台集合了旅游销售、居民服务、办公应用、安防管理等多种职能为一体，校准了乌镇旅游数据标准水平。乌镇旅游管理也实时通过对云平台的监控和管理对乌镇国际旅游区的社会事务进行了多方位的统一协调。与此同时，乌镇还通过云平台进行了智慧养老项目试点，建设了多功能配套区域，成功开辟了都市人的"宜居花园"。不仅如此，乌镇景区通过"互联网+"的发展，打造出一系列的网络基础设施平台。游客只需要连上无线网络热点，就可以迅速找到景区内的所有服务设施，甚至包括景区附近的各种场馆、餐饮店、洗手间、民宿、大小酒店等。同时，借助网络地图还能帮助旅游者制定出最合理的步行旅游线路。

融入网络载体，创建 B2C 平台。乌镇很好地利用每一个互联网载体先后与淘宝、OTA 合作平台合作。2014 年乌镇新增京东商城、工商银行融 e 购等销售平台，并开发有微信服务号，开通了相应消费项目的预订和支付功能，包括门票、住宿、套餐等，同时也标志着乌镇景区电子商务平台基本搭建完成。

借助原始情怀，重塑大 IP。2014 年到 2018 年，世界互联网大会均在乌镇召开，因此又叫作乌镇峰会。除了会议内容本身，会后的历届"大饭局"也十分引人注目。每年互联网各大巨头聚会的客栈也是关注点之一。乌镇借助乌镇峰会这一 IP，不断提高乌镇互联网水平和现代化基础设施的配备，致力于营造互联网时代发展背景下，古今交融的别致场景。江南之美与科技之美的结合，紧跟时代步伐。

开展嘉戏剧节，定位目标人群。乌镇戏剧节由陈向宏、黄磊等人创办发起，2018 年第六届戏剧节在古戏台举办，融合国内外精选的剧目，青年竞演富有活力，古镇嘉年华场景绚丽热闹，汇聚世界的戏剧爱好者欢聚一堂。此次售票十分迅速，其中六部剧目售票时在开始售票几分钟就一抢而空,大部分剧目的售票半日售空,与此同时,通过微博、豆瓣、微信朋友圈等年轻人热爱的社交平台进行密集的宣传,可谓既传播了品牌又赚得盆丰钵满。

图3-10 乌镇戏剧节海报宣传

3.2 乡间特色传播策略

3.2.1 乡村土文化短视频传播——以快手为例[12-13]

快手大数据研究院年度内容报告数据显示,目前,快手短视频平台每天上传短视频超过1 500万条,短视频库存80亿条。其中,生活内容占比28%,第一位;内容占比居第二位的是快手小姐姐;美食、职业技能、技艺分别以 11%、8%、8% 列第三、四、五位。如图 3-11 所示。

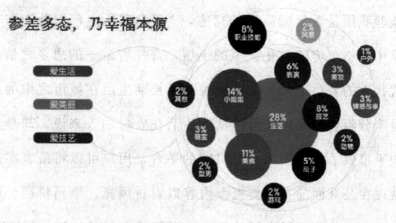

图 3-11　快手大数据研究院年度内容报告

由于快手短视频 APP 用户规模庞大，短视频作品种类和数量众多，要想对这些视频的内容进行完整、全面地分析似乎是不可能完成的任务。因此要对快手短视频中的乡土短视频进行内容分析，首要任务就是依据一定的标准缩小样本，过滤掉非乡土题材的内容，按照一定的方法选取短视频作品，进而对短视频作品进行梳理。

快手短视频 APP 在查找界面有推荐标签选项，作者发现："♯记录我的农村生活♯"标签内容中有 1.5 万个短视频，"♯农村♯"标签中有 1.6 万个短视频，"♯农民♯"标签中有 4 909 个短视频，"♯乡村♯"标签中有 619 个短视频。通过标签分类获取一定范围的乡土题材短视频，作者经过一个月的浏览观看体验，一共观看了 1 800 个短视频,将视频内容总结为以下几类。

1. 乡村风貌类

在我国悠久的历史长河中,乡村始终占据着重要地位,乡村的贫富是检验我国是否繁荣昌盛的标志,"万物有所生,而独知守其根。"乡村是中华悠久传统文化产生的土壤,寄托着游子的思乡之情,凝聚着一代代人的乡愁记忆。乡村风貌对于长期生活在城市之中的人来说应该是十分陌生的,但是对于从小生活在农村的人来说,却是无比熟悉。快手提供了一个展示乡村风貌的平台,用户可以将最真实的乡村风貌展现在公众面前。这类视频内容以农村风光、原始村居、风土人情等为主,充分体现了农村的特点,保留了乡村的味道,展现了乡村风貌。如今,我国乡村面临着凋敝和衰落的客观事实,乡村风貌正在遭到不同程度冲击。

乡村风貌类短视频的传播,让公众看到新时代的乡村,既保留乡村传统肌理与乡土文化特色,又重建了乡村社会价值体系,唤起了乡村集体情感记忆。快手短视频中的乡村风貌,体现"百里不同风、十里不同俗"的差异性。在全国各地用户的镜头下,乡村风貌各具特色。我国地大物博,自然景观差异化显著,历史文化资源丰富,既有陕北高原风貌,又有东北雪乡美景。一名为"山村蓑衣哥"的视频发布者通过短视频记录一年四季小山村的美丽风光和田园生活(见图3-12),平均每个视频都有5万次以上的播放量,收获了11.1万个粉丝,在他的账号简介上写道:"远离城市的喧嚣,回归大自然,记录乡村里的日常生活、自然美景、山村美食"。保存乡村风貌，不是保留破败的乡村和对贫穷的回忆，而是将文物古迹、传统村落、民族村寨与优美的生态风景融为一体，使村庄景观、自然环境、人文风情被大众所认知和认同。

图 3-12 "山村蓑衣哥"快手作品页面

2. 日常生活类

快手 APP 的宣传语是"记录世界，记录你"，宗旨是记录生活。与其他媒介方式相比，短视频的使用不要求使用者具备多高的知识程度，也不受媒介表达逻辑的影响。伴随着移动 4G 甚至 5G 网络在乡村的普及，农民可以轻而易举地完成短视频的制作和发布，用短视频记录和展现日常生活，使得拍摄与分享行为变得异常简单。

日常生活类短视频记录了各种乡村印记，包括农耕生活、打鱼生活、灶台做饭、一日三餐、上山砍柴、婚丧嫁娶等生活片段。农民不需要什么专业知识便可以按照个人喜欢的方式来呈现自己，纯真的生活记录反映了村民们的真实生活状态，呈现了以简朴生活为中心的普通人形象，这些感人的生活印记更有可能在"快手"平台上与乡民产生共鸣。而"快手"平台与生俱来的社交功能则进一步将乡村推向一个更大的围观网络，农民在短视频中得到了叙事话语权。于是，乡村日常生活逐渐进入社会化媒体的生产体系，农村日常生活记录是最简单的视频内容。通过拍摄和上传，这些农村琐事通过媒介传播活动被赋予了新的社会意义："这些短视频重点是日常琐事，在拍摄过程中赋予这些日常细节以意义；而其他用户点赞或评论视频，用户之间互动和关注在日常生活中有了更多的意义。"即使是短视频创作者不加修饰地随意入镜，再配上简单的背景音乐，甚至粗糙的剪辑，这些看似简陋的记录实际上表达了农村群体渴望得到凝视、关注和认可的心理需求。大众的认可增强了乡村群体的文化自信，通过短视频上日常生活的真实展示，他们获得了更多情感和文化认同。

3. 技艺展示类

技艺展示类短视频内容包括才艺表演、工匠技艺、厨艺展示、发明创造、创业技能、三农知识等。"快手"平台一直以来留给大众的印象可能就是低俗：土味社会摇，博眼球的表演，夸张的喊麦……"酒香不怕巷子深"，总能找到底蕴丰富的美好事物。在短视频中，人们会发现：乡野间也有歌唱家；山洞中的原始材料也能烹饪出美味菜肴；农田里也有"爱迪生"；乡村中也有资产家。今天，随着互联网的普及，乡村的传统文化在世界各个角落都能迅速呈现出来。许多农村工匠选择使用简短的短视频来记录他们独特的工艺并分享他们的淳朴匠心。在今天这个浮躁的时代，很少有年轻人专注于传统手工业，传统工匠的传承更是岌岌可危。但在农村，除了老匠人，还有一些青年工匠，他们热衷于传统文化和工艺的创新和发展。快手用户"蛋雕-小聪聪"（ID：288240189）从2016年7月起开始在快手上发布蛋雕视频，蛋雕是一种特殊的民间手工艺品，是在飞禽类蛋壳上刻琢成画的一种民间手工艺品，融合了绘画与雕刻的艺术，以浮雕、阴雕、阳雕、透雕、镂空等雕刻手法来展现各种精美图案。他对这项非物质文化遗产进行记录和传承，赢得了5.1万个粉丝。"手工耿"是河北省保定市定兴县杨村的一名农民发明家，在快手上，他是专门发明"无用良品"的网红"手工耿"，拥有302.3万个粉丝（如图3-13）。粉丝对他发明的雷神之锤斜挎包、脑瓜崩辅助器和地震应急吃面神器等兴趣浓厚。去年9月快手举办"家乡市集"活动，来自全国17省市的50余位农人和匠人带来家乡特产、才艺和手工艺品。在现场，"手工耿"的脑瓜崩辅助器迅速被抢购一空，更多人向他订购包含"极速大风车""震耳拨浪鼓"和"千里铁飞机"的童年三件套。这些民间艺人通过快手记录传统、创新工艺，展示劳动人民的智慧，让更多的传统文化穿越时空的阻隔，以创新承继传统，以工艺积淀文化。

图3-13 "手工耿"快手作品页面

4. 搞笑短剧类

搞笑短剧是快手短视频中最受用户欢迎的类型。短视频创作者以院落、村居、农田、山路等乡村常见景观为短剧场景，借助乡村生活环境中的锄头、铁锹、石磨等各种工具当作道具与装饰，剧中角色也刻意身着农民服装，或是男扮女装，运用夸张的肢体动作、表情、方言极力追求喜剧效果。由于时间的限制，此类视频往往情节简单，无法用系统的叙事逻辑来解读，但节奏快、悬疑、滑稽的倒装，黑色幽默元素也得到了体现。老年人也在年轻一代的感染下参与了滑稽短剧的表演和制作。虽然他们大部分的演技和台词都是生硬的，但正是年轻人的活泼与长辈笨拙的形象反差对比，才为影片增添了欢笑。如

"张二嫂"（如图 3-14）以身穿一身花棉袄，头戴一个假发套的形象，自制农村搞笑短剧，获得了 2 637 万个粉丝，他的视频也是农村人情社会搞笑短剧的剧情，建立在传统乡村文化的基础上，故事的素材来源于农村生活，配合真实的表演，没有规定的表演风格，没有规定的拍摄要求，是真情实感的流露，展示乡村的生活、伦理、行为方式，反映了农村世代相传的习俗和约定俗成的行为规范。尽管随着时代的变迁，有些习俗都已经淡化，但这些习俗的精神内核却通过这些演技拙劣的搞笑短剧流传下来。比如春节期间，在山东乡村拜年"磕头"的场面常在快手短视频上传播，这其中不乏接受高等教育的学子，有长期生活在城市的白领。各种"磕头"的场面显得十分"壮观"。在中华民族传统节日——春节里，山东乡村的祈福、供奉、祭奠、"磕头"的礼节，是特殊时节的礼仪。现在，乡村习俗将随着社会的发展，时代精神的丰富而演化。

图 3-14 "张二嫂"快手作品页面，"掰玉米"

然而，一部分搞笑短剧为了满足受众的猎奇心理，受"审丑"观念的影响，过于追求喜剧化效果，歪曲了农村人的形象，影响受众对乡村的客观认知。在短视频中的农民多是花棉袄、花棉裤、军大衣的形象，这其实是上个年代的农民装扮，与现实中当代农民的形象并不相符，容易给受众留下农村破旧落后的刻板印象。有些因剧情需要，剧中人表现或呆傻蠢笨，或故作聪明，或贪小便宜等性格，扭曲了农村价值观，加深了精英阶层对农村的污名化程度，不利于乡土文化的正向输出。

5. 定位人群　有效传播

据快手官方网站介绍，2012年11月快手试图从单一的工具型转型为视频社区类应用，2013年10年转型为短视频社交软件，2015年6月，快手用户突破1亿个，2016年4月快手用户突破3亿个，快手传播速度不可谓不快！快手短视频平台对它的用户的原则是不定义、不干扰、无标签，这就大大提高了用户黏度。即"快手"不对网红等特定人群进行包装和培养，也没有和明星签订合作协议，对内容没有进行明确的分类，或者定义作者类型，比如定义这一类人是美女，这一类视频是搞笑或者严肃。

快手短视频平台的定位人群放在了更多的普通人的身上，受众群体年龄以19～45岁群体为主，此群体通常经济收入水平较低，学历程度不高。大多数用户来自农村、非中心城市和一线城市的边缘，网络活动率高于现实生活。快手短视频平台的低门槛，不需要技术水平就可以制作出美化的视频，满足了他们内心的需要，给他们一种归属感。

如果我们尝试一下从是否真实反映农村的角度，对快手中的乡土短视频进行分类的话，一种是乡村所独有的，反映了真实的乡村生活，例如介绍家乡美丽景色的视频，儿时做游戏的视频等，我们对其简称为"乡村视频"；一种是并不是乡村所独有的，而是被乡村打上了标签，例如带有乡村特色的舞蹈视频等，我们对其简称为"标签视频"。如果我们再对了乡村短视频的受众进行分类的话，可以大致分为两类，一类是通过短视频的内容能够引起自己对乡村的回忆，引起自己在情感上对乡土文化的共鸣，我们对其简称为"情感受众"；一类是对乡土文化保持有强烈兴趣的猎奇者（猎奇者对乡村文化抱有的态度可能不一），我们对其称为"猎奇受众"。但"乡村视频""标签视频"与"情感受众""猎奇受众"之间并不是一一对应的关系，而是存在交叉关系。

在第一种类型的受众中，他们所喜爱的快手视频内容的呈现更贴近真实，每一段"乡村视频"的背后都是真实的农村生产创作，比如冬天在冰面上用自己制作的滑冰工具滑冰，夏天上树掏鸟窝等，这些真实的农村生活的背后寄托着很多人的情感，这些情感连接着每一个受众关于农村的记忆，关于童年的记忆。每一段"标签视频"背后的乡村舞蹈、乡村流行音乐更能唤起我们浓浓的乡愁。我们在快手短视频中看到了久违的炕头、嫩绿的农田，这些生活场景就是真实的农村生活，贴近大众的内心。

6. 同城栏目　地域传播

随着快手转型为视频社区类应用，快手推出同城功能，即用户通过定位的方式可以查看附近用户的短视频和网络直播。在网络直播中，寻求认同心理是一种构建主体性的重要方式，能够在相近的方言环境，相似的成长经历和生活背景，相同的职业中得到情感共鸣和归属感。"同城"版块是"快手"主页的三大版块之一，为用户提供了寻找具有地域贴近性的内容的路径。文化存在地域性的差异，乡土文化也具有地域、方言等文化贴近性的特征，"快手"通过"同城"版块可以加强用户之间的认同感，无论是线上还是线下，同一个城市的用户可以建立更多的信任，因为他们在自己熟悉的地域，会让他们觉得彼此善良可靠，容易产生互相信任。这将使用户之间的黏度很高，同时更容易发挥社交的功能。

快手也开始在地域化模式上探索，上线了同城服务，它的服务项目与58同城类似。在渗透率最高的东北地区，"快手"开始探索本土化服务。这是它在商业变现道路上的一次新尝试。快手在东北牡丹江等城市的"同城"页面上线了同城服务，提供的服务包括求职、卖车、房产、二手物品及问答五项，见图3-15。

3.2.2　宾阳炮龙文化

富有浓郁的民俗特色且被誉为"东方狂欢节"与"灯酒节"的节日举行时间是每一年的正月十一，举行地点在广西宾阳县城。在这个

图 3-15　快手同城界面

隆重的节日中有一出重头戏，那就是舞炮龙活动，炮龙活动对于当地乃至周边的影响力是十分巨大，可以说是人人皆知，它不仅象征着吉祥喜庆，还带动了当地经济的发展。宾阳炮龙活动包含游彩架、灯酒会、舞炮龙三个环节，其中，最吸引观众眼球的是晚上的炸龙活动。所谓的炸龙活动，在当地就是观众们用特定的并且点燃的鞭炮去炸正在大街小巷中的狂舞之龙。参加舞炮龙的舞龙者在整个舞炮龙活动中充当"龙脚"的角色，"龙脚"的着装打扮十分有特点，只见他们光着上身，只穿舞龙特制的裤子，头上戴着具有清朝官帽特色的帽子。整个炸龙环节也由两个部分组成，首先进行的是"开光"仪式，"开光"仪式是请神龙下凡的环节，该环节显得格外的神秘，请完神龙后炸龙活动就正式开始了，"龙脚"们将巨龙挥舞在宾州城的大街小巷中，人们将挥舞的龙炸得只剩下龙头为止，整个活动甚至会持续到天亮才会结束。"龙脚"们会随着人们燃放鞭炮的多少来决定舞动之龙的"狂",当地有这样的说法,在炸龙环节过程中该户燃放的鞭炮越多,龙也就在家门前停留得越久,寓意着来年该户就会越风调雨顺。在炸龙环节中,每条龙的使命就是让大家使用点燃的鞭炮轰炸,直到只剩下龙头与龙柄为止。自举行炮龙活动开始,宾阳县相关部门认真策划每一年的炮龙节活动,关于举行每一届炮龙活动的资金都是通过资金筹备或者寻找赞助商的形式来解决,活动过程中需要的人力与物力都是由政府统筹安排,人员主要来自当地的村民。对炮龙活动进行宣传的工作人员主要是来自各个媒体新闻、个人媒体相关人员,他们对具有浓郁文化气息的炮龙文化进行很好的扩大宣传,使得更多的人了解到宾阳的炮龙文化,为宾阳的旅游经济发展做出了贡献,同时为解决炮龙文化传播资金不足的问题提供更多的方法与途径。炮龙活动象征着平安发财、吉祥多福的美好寓意,人们纷纷主动参与其中,见图3-16。

图3-16　宜阳炮龙节

科技水平的发展与人们经济水平逐渐提升，加速了现代化媒体领域的发展，如今以手机为代表的现代化媒体慢慢地加入我们的生活中，而且发展趋向逐渐变为缺一不可的现状，现代化媒体传播技术的地位和影响力的更加清晰，更加明确了炮龙文化主要的传播方式。现代化媒体对宾阳炮龙文化交流主体的影响，主要体现在宾阳炮龙文化的传播方式过于落后，原始的口头传播转变为现代化媒体进行传播还需要进一步的完善与挖掘。在炮龙文化传播过程中现代化媒体的涌现加快了传统媒体地位降低的速度，现代化媒体传播途径受到了宾阳地区移动网络基站分布覆盖不全面的原因影响，目前在宾阳县城进行炮龙文化传播主要还是依靠宾阳地方主流媒体、宾阳电视台、宾阳地方报纸等方式进行。炮龙文化传播过程中宾阳地方主流媒体起到重要作用。例如，在宾阳炮龙文化活动的现场直播中，宾阳电视将通过在线视频和宾阳APP上的云直播。该报道将由微信公众号用于权威发布，大多数人都会使用微信朋友圈和微博。通常会使用转发微信、QQ、微博等信息的方式来传播炮龙文化，这也是炮龙文化传播交流的一个途径。

宾阳炮龙文化传播的主要渠道包含报纸传播、电子报纸、门户网站传播、电视传播、广播电台传播、APP直播、公众号传播、论坛直播等。其中报纸传播包括：《宾阳日报》《南宁日报》《南宁晚报》《南国早报》等；除了通过传统的纸报传播之外还通过《广西手机报》进行传播，同时还建立了相关网址链接的方式进行传播，设立了专门的门户网站，门户网站传播包括：广西新闻网、宾阳新闻网、宾阳政府门户网、宾阳政务网、文明网5个网站；电视传播包括：宾阳电视台、宾阳TV、宾阳卫视、南宁电视台、宾阳网络电视、CCTV4频道等，中央电视台中文国际频道（CCTV-4）《远方的家》"百山百川行"栏目向全球播出《大明山纪行》节目，节目重点介绍宾阳炮龙故事，展示炮龙魅力。节目首播时间17:15，重播：23:26，次日06:13。广播电台传播包括：FM107.4、1074交通台；APP直播包括：微博、微信、QQ、易联直播、开吧APP直播、宾阳印象直播、腾讯直播、爱奇艺、搜狐直播等；公众号直播主要通过南宁发布进行直播，论坛直播主要是通过天涯论坛、红豆社区进行直播。

  总体来看，宾阳炮龙文化主要的传播方式是从报纸、电视、APP等途径进行传播，在现代化媒体背景下的炮龙文化传播趋势主要是在原来传播途径的基础上侧重挖掘"两微一链"的传播方式，即开设官方微博、微信公众号，打造网站链接传播形式，让远在千里之外的观众隔着屏幕也能领略炮龙活动现场风采。为了达到传播内容丰富而不枯燥，创新而不胡编乱造，还要保证传播内容具有真实性。将传统的传播方式去糟取精了之后同现代化媒体传播途径进行融合研究，挖掘更加满足传播需求的传播方法，见表3-1。

表 3-1　宾阳炮龙文化传播的主要渠道

渠道分类	报纸传播	电子报纸	门户网站传播	电视传播	广播电台传播	APP直播	公众号传播	论坛直播
相关传播平台	《宾阳日报》《南宁日报》《南宁晚报》《南国早报》	《广西手机报》	广西新闻网、宾阳新闻网、宾阳政府门户网、宾阳政务网、文明网	宾阳电视台、宾阳TV、宾阳卫视、南宁电视台、宾阳网络电视、CCTV4频道	FM107.4、1074交通台	微博、微信、QQ、易联直播、开吧APP直播、宾阳印象直播、腾讯直播、爱奇艺、搜狐直播	南宁发布	天涯论坛、红豆社区

炸龙环节在整个舞炮龙活动过程中是最重要的，也是最受观众关注的部分。炸龙环节就是活动进行时，在宾阳县的大街小巷中有很多条龙在舞，而参与该活动的人可以用规定的鞭炮进行炸龙，见图3-17。在这个环节中，大家的欢呼声加上锣鼓声和鞭炮声混杂在一起，发出的声响十分巨大。该环节通过现代化媒体平台在传播时通过合理的传播手段与传播技术增加了声音和图像效果，吸引观众的眼球，使观众能够对宾阳炮龙文化有更深入的理解。宾阳炮龙文化是宾阳人思想的结晶，是宾阳文化发展的产物，它不单单是宾阳文化的瑰宝，还是我国民俗文化的瑰宝，炮龙文化被列入国家第二批非物质文化遗产，它为

人们提供了文化传播与文化传承进行研究的素材,拥有人类需要的文化研究价值与精神文化价值。迎合社会的需求,结合现代媒体将宾阳炮龙文化发扬光大。

图 3-17　炸龙环节

在现代媒体上传播宾阳炮龙文化内涵和文化产品,是为了缩短人们来宾阳的路程,在最短时间内实现离线的宾阳炮龙文化体验。生活质量的提高,消费群体看重的方面慢慢偏向于服务体验,拥有更好的服务体验,可以促进回头客的人次,保证每一年参加炮龙活动的人数相对稳定,甚至处于逐年增长的趋势。这也在无形之中为炮龙文化的传播奠基了传播个体数量的基础。然而,通过政府策划"挂灯酒""游彩架"等大型炮龙文化活动,宾阳炮龙活动的魅力得到全面展现。

"游彩架"中还呈现了多种富有地方特色的文化。来自全国各地的游客来宾阳可以体验到火热的炮龙文化,同时还可以观光宾阳的美景,如"宾阳八景,南桥古韵,险峻闻名的昆仑关"等,这些景色让人们体验南桥古老的魅力,体验宾阳的独特之美,将民俗回归到原有的传承空间,拓展宾阳文化遗产领域。

3.2.3 海南槟榔谷黎苗文化旅游区

位于保亭县与三亚市交界的甘什岭自然保护区是国家5A级旅游景区。作为中国首家民族文化型5A级景区,槟榔谷还是"国家非物质文化遗产生产性保护基地",在海南省国家级非物质文化遗产保护的24个项目中,槟榔谷就展示了其中10项。

海南槟榔谷黎苗文化旅游区是以"挖掘、保护、传承、弘扬"海南黎苗文化为使命的民族文化型旅游区,对民族传统文化的挖掘和保护,是景区利用文化资源进行资本化运作受益的前提。对民族文化进行传承和弘扬,是企业社会价值和社会责任心的体现,也是企业建立良好口碑和社会形象的重要手段。

当前海南槟榔谷黎苗文化旅游区较好地促进了黎族文化的保护与传承,而对苗族文化的保护与传承却较为薄弱,因此,当前景区应注重加强苗族文化的保护与传承工作。对景区建设苗族文化体验区而言,挖掘是保护的前提,保护是传承的基础。首先要做到对景区苗族文化景区的合理规划,丰富雨林苗寨的苗族文化内容,深化苗族文化展示的内涵。海南苗族与内陆的苗、瑶同根同源,既拥有许多与之相同的文化事项,如蜡染、蚩尤崇拜、傩文化等,又拥有以招龙舞、盘皇舞为代表的舞蹈,苗族民歌为代表的音乐等具有海南特色的国家级、省级非物质文化遗产。

对于这些文化的挖掘、聚集,以及对规划内文化的文化内涵的阐述方式,都应该联合学术界及当地文化人,遵循规划先行的原则进行优先设计。在实施过程中,应着手苗族传统文化的挖掘和聚集。槟榔谷曾对黎族文化进行挖掘利用,形成了一套经验,在此前提下,应结合海南苗族的个性化需求,进行更为细致化的签约;在将海南苗族人"引进来"的同时,还要帮助海南苗族在旅游业中建立起强烈的民族文化认同感,在旅游活动的过程中,使苗族传统文化不断体现其现代价值,提升海南苗族的文化自信,见图3-18。

图3-18 海南槟榔谷景区

在苗族传统文化的挖掘、聚集工作较为成熟之后,应借鉴景区促进黎族文化传承的经验,设计一系列有利于文化传承的活动,将苗族文化传承发展；最后，企业与政府之间应互通合作，政府应为槟榔谷开发利用苗族传统文化提供政策支持。

以知名旅游区作为文化传播、传承的平台，对传统文化的传播及因此对传统文化潜在继承群的拓展有较强的促进作用。因此，就旅游活动对传统文化渲染过度的问题而言，应规范景区内的讲解体系及景区内容规划的监督体系，完善文化传播的内容和方式；对文化传播、传承而言，应拓展媒体的应用，拓宽文化传播的范围，创新文化传承的方式。

应规范景区内导游的讲解体系，包括对槟榔谷导游词进行规范化编辑，并对成文邀请除公司、导游之外的第三方（通常是学者）进行审核，在实施过程中，通过信息化技术及媒体对导游讲解流程进行监督，并设立奖惩机制；应规范景区内容规划监督体系，根据文化内涵及现有的意见对策，对景区目前规划内容上存在的问题进行改进，并在未来景区内容设计时，设立内容审核机制，完善景区规划的监督体系。以上两个方面的对策，应体现出学者在旅游开发中的意见机制，规范旅游景区传统文化的传播内容和传播方式。

媒体对文化传播及文化传承的影响是深远的，应广泛利用媒体的功能。对文化传播而言，媒体是文化广泛传播的媒介，在应用传统媒体，如电视、广告、报纸进行文化传播时，应加强媒体利用的科学性，如精准投放、目标营销等，充分发挥传统媒体对文化传播的功能；另外还应深化对新媒体的利用，如自媒体、公众号和其他互联网媒介，对文化传播方式进行创新和发展。随着互联网技术的普及，许多人对黎苗传统文化的第一手了解都是通过媒体，因此在对媒体进行利用时，既要注重传播内容的通俗性和原真性，又要注重凸显异文化的神秘性和奇异性，还要注意阐释传统文化的重要价值。通过对媒体应用的拓展和深化，将黎苗传统文化传播出去，拓展传统文化中文化事项的潜在继承群。

对文化传承而言，应探索利用媒体进行文化传承。例如用制作精良的影片进行文化事项的细致记录及传授，让人们在家就能基本学会藤编、黎锦、打柴舞，并在媒体传统文化刻画的不断深入和细致下，实现文化的一对多的传承。同时，等同于书写文化的传承原理，甚至在文化断续的情况下，能促进文化的离散代际传承。总之，利用好现代媒体，有利于拓宽文化传承范围，创新文化传承的方式，槟榔谷旅游区见图3-19。

图3-19　槟榔谷旅游区

3.3 乡村文化互联网传播方案

3.3.1 里仁村泰山庙会[14]

洛阳市吉利区泰山庙属于国家级的道教活动场所,2016年被国家宗教事务局记录在案,并颁发全国"泰山庙"的牌匾和证书。泰山庙会位于洛阳市吉利区里仁村南端,据《泰山庙前山门重修记》载,"泰山神庙……里仁村南,后依太行,绵亘晋川,前面黄河,脉通泰塞;左边浇水井……右边普照寺……地陆形盛,诚一伟观……"。里仁村泰山庙建于唐昭宗公元894年,乾宁元年,距今一千多年,泰山神为五岳之尊,被封为天齐王,因泰山神能保佑一方平安,受到了百姓的敬仰。关于里仁村泰山庙的建立,也有一定的历史典故。据《唐书碑文》记载,唐朝时期,这里战乱不断,百姓流离失所,过着水深火热的生活,昭宗失位904年乾宁元年时期,河阳县里仁村一些黎民百姓,为祈祷平安,便建立了一所寺庙,寺庙里供着黄飞虎大将军——东岳大帝泰山神,当地百姓也就称之为"泰山庙"了。

泰山庙建于公元894年,历史悠久,经历多个朝代的更替和战乱,大殿受到了不同程度的毁坏,历史上泰山庙也多次经历重修,而最近一次重修实在1990年,历时9年的时间,于1999年竣工,是在历史旧貌上建立而成。

吉利区，因吉利区内的吉利村而得名，是河南省乃至全国为数不多的全区人们整体进入小康水平的区域。而吉利区并不是因为此地发展情况良好而叫作吉利区。相传，很久以前的吉利区荒无人烟，并无人至此。直到一日一对夫妇的到来，才使这里有了人。很快这对夫妇就凭借此地得天独厚的中原地理环境，和毗邻黄河的水源优势，开始每日的耕作。但是好景不长，没过多久，黄河的水干了，他们无法耕种，开始四处找可以食用的东西。在他们无食可饮时，男人到黄河岸边挖根草，偶然发现了浑身长着刺的蒺藜，便想试试是否可以食用，他回家后将其捣碎，没想到其味道甜美，就这样他们维持下来了生活，并很快有了孩子，起名为"蒺藜"，通过代代相传，这里的人越来越多，便发展成了一个村庄，今天的吉利区便是"蒺藜村"发展起来的，后改名为"吉利"。

1. 里仁村泰山庙会的主要活动形式

民间社火，社火来源于对于土地和火的崇拜，主要是祭祀土地神和火祖之类的活动。随着社会的发展，民间社火不仅仅是祭祀朝拜活动，而是多了娱人的活动，且占比越来越大。里仁村泰山庙会的民间社火活动既包括娱神的部分，也包括娱人的部分，主要有戏曲、歌舞、秧歌等活动形式。

搭台唱戏。里仁村泰山庙会唱戏的活动是庙会活动的主要内容，戏曲活动不仅在白天举行，甚至会彻夜举行。搭台唱戏的活动主要分为两个部分，第一是唱神戏的部分，主要是通过民间戏曲、民间舞蹈等起到娱神的目的。第二是流行音乐的演唱部分，此部分体现了新的文化形式与传统文化的融合，也达到了娱人的目的。

贸易往来。贸易往来是里仁村泰山庙会的主要活动形式之一。在庙会开始当天，庙会门口会有许多前来进行买卖活动的小商小贩。除此之外，里仁村泰山庙会因其在当地的影响力，依托庙会又兴起了里村集贸市场，即庙市，该庙市活动于每月的（农历）初八，十八，二十八举行，现已形成规模。

传统的文化与经济内容包括民间社火，搭台唱戏，贸易往来等。近年来，随着农村的城市化，城市游客的参与，城市文化逐步进入农村的文化生活。为了吸引年轻人口参与庙会，流行文化亦开始进入庙会文化的传播内容当中。从田野调查的情况来看，庙会文化的城市化趋势较为普遍，例如，在洛阳关林庙会已经有中国体育彩票抽奖活动进入了会场，在洛阳洛邑古城庙会调查时发现了cosplay快闪文化进入了庙会。法兰克福学派代表人物本雅明认为，机械复制时代的艺术作品使得文化的"灵韵"丧失，同为法兰克福学派代表人物的阿多诺也研究了流行音乐对人们的影响，他认为流行音乐具有欺骗性，意味着艺术的堕落。那么庙会中的城市文化和流行文化等新的文化形式的进入是否会像两位学者所言对传统文化的传承产生对抗呢？里仁村庙会的传统文化内容是否完好？带着这样的问题，对里仁村庙会的主要活动形式进行调查，见图3-20。

图 3-20 里仁村泰山庙会

"庙会在（农历三月）二十六就开始，有的人住在庙里面。（农历三月）二十七晚上，有流行歌，流行舞蹈，一般会有戏，再一个，还有各地方的小唱，有唢呐乐器。（农历三月）二十七的夜里相当热闹，整夜不断，这一夜是欢腾的一夜。第二天 7 点，大家就陆陆续续地来了，带着腰鼓队，敲锣打鼓，一来就是一车人，近处的要排着队（进入庙会），泰山庙会去迎接……庙会上有文化宣传，故事，民间故事，秧歌，乐鼓团队，各村都来，还有演唱，各地方带队过来，本村也会有。……最原先的（活动），都是来这里烧香。

给泰山爷交钱。有大锅饭，远处的人来要吃一顿饭。……（新的文化与传统文化）互相不冲击，（庙会上的活动）都是民间社火这样的活动。其实，没必要有更多的新的活动形式，年轻人不会很喜欢（庙会）。"

从采访中可以看出新的文化和传统文化是和谐共生的关系，而里仁村泰山庙会也最大限度地保留着传统文化的形式，新的文化的注入为庙会文化注入了新的活力，吸引了更多人前来参与和观看，但组织者认为新的活动形式没必要过多设立。里仁村泰山庙会延伸出来的经济文化主要体现在里仁村庙会延伸出来的庙市，即里村市场。根据吉利区区志中记载："里村集贸市场源于怀庆八县第一庙——泰山庙会。它始建于唐昭宗乾宁元年（公元894年），距今1 100余年，每年农历三月二十八日举行盛大庙会。如今市场又新增三个会期（每月农历初八、十八、二十八）"。可见，里村集贸市场一直以来都是当地人们购买物品的主要场所，调查发现，不少当地村民认为里村市场对于当地物资交流和经济发展有一定的促进作用。

近年来，新媒体的发展是否使庙市文化有变化呢？通过问卷整理出来的数据显示（除去无效数据），村民经常到市场购物的有186人，偶尔选择市场购物的有119人，不去市场购物的有32人。在这些村民中，选择在市场购物的有162人，选择在超市购物的有106人，选择网络渠道购物的有45人，而选择其他方式购物的有24人。数据表明该地村民仍然在很大程度上依然保留着庙会文化遗留下来的购物方式，对于庙会经济文化有较好的传承。

2. 传播渠道：传统和新媒体传播渠道交叉使用

信息的传播少不了传播渠道。首先是向内传播的影响。针对对内传播与媒体选择的关系，所设置的问题是"您是通过什么渠道了解泰山庙会的呢？"在所列的4个选项中，仅"亲朋好友告知"这项就占到总人数的66%，说明该群体对于庙会文化的对内传播还停留在人际传播。在对外传播的调查中，笔者针对了多个相关问题进行调查，例如"您会将记录的庙会分享出去吗?""你若分享庙会，会通过什么样的方式呢?"调查结果（图3-21）显示，针对庙会文化的对外分享，有34%的人群认为自己"很愿意分享"，而42%的村民确认为自己会"偶尔分享"，认为占24%的"不分享"，当调查者提出"若分享"时会采取的方式时，却有一半的村民表示会采用微信的形式，而分享的内容多为"拍照片"和"拍视频"，说明该群体已经具备了一定的新媒体使用能力，而对于利用新媒体向外自我传播意识不足。

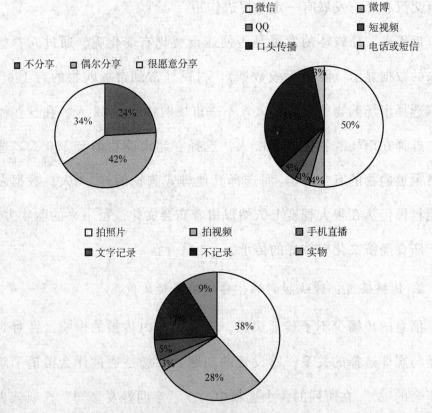

图3-21　村民使用新媒体传播情况

3.3.2 郝堂村茶人家[15]

郝堂村位于信阳市平桥区东南部城郊,距离市中心城区约 17 千米,村域面积 22 平方千米,耕地 1 900 亩。全村辖 18 个村民组,共 640 户,总人口 2 385 人。2011 年 4 月,被平桥区确立为可持续发展项目实验区。在这一背景下,平桥区政府和北京绿十字合作,开始了"把农村建设得更像农村"的郝堂茶人家项目建设,以有品位的农村、育有道德的农民、聚有内深力的村民共同体、修复有千年的乡村自治为建设目标。经过两年的建设,2013 年住房城乡建设部授予郝堂村"首批美丽宜居村庄示范"称号;2014 年农业部授予"中国最美休闲乡村"称号;2015 年获住建部"中国人居环境范例奖"。在省市区政府的强力领导下,郝堂村从默默无闻到游人如织,从穷乡僻壤到美丽乡村,从人们逃离的农村到农民甘于安身立命的场所,见图 3-22。面对当下乡土文化不容乐观的发展现状,郝堂村的探索经验可以看作未来中国乡村发展可以借鉴的模式之一。

春节可谓中国人最重视的节日。旧历正月初一为元旦,现称春节。传统习俗,鸡鸣即起,由家长率领全家老少鸣放鞭炮出门,南向焚香烛、拜天地,谓之"接年"。返回至堂屋"供桌"焚香、纸钱,由家长率先跪拜祖宗神位,后依长幼秩序逐一跪拜祖先,并向长辈拜年。礼毕,食水饺,换新衣,遍拜近亲、尊长、邻里,拱手作揖,晚辈可得长辈压岁钱。郝堂村中有讲究的家庭会在大年三十吃年夜饭时,对家

图 3-22　郝堂村

中祖辈"敬香、敬酒、敬食",行"三碗饭、三杯酒、三捧纸,九作揖"之礼,同时口头招呼家中祖先归来吃团圆饭,保佑全家在新的一年平平安安,生意兴隆。自 2014 年始,郝堂村每年都会在农历腊月二十四举办"村晚",即郝堂村的春节联欢会,至今已举办了 3 年。"村晚"完全由村民自编、自导、自演。

人们在喜庆的节日里常用舞龙舞狮来祈求龙的保佑。龙灯舞的"龙"身长 12 节,内用竹篾编,中用纸裱糊,外由布蒙罩,着色 5 种,画上龙鳞,栩栩如生。古人认为龙能兴风雨,可以保佑村庄风调雨顺。狮子舞深受群众喜爱,舞时需要两人配合协调,做出立、坐、卧、搔痒、捕食、跳跃翻滚、滚绣球等高难度惊险动作,多在农历正月、二月和喜庆日子,狮子威猛,古人认为它能驱邪镇妖,保佑人畜平安。旱船舞是郝堂村老少皆宜的舞蹈,旱船舞俗称"玩花船",船长约 3

米,宽1米,用竹木、彩纸、花布制作而成,演出时1名演员为坐船,1名为划船,旁有鼓乐伴奏,呈摇摆状,似在水中荡漾,节目欢快有趣。

剥离热闹的节庆文化的外壳,我们可以看到农耕信仰的本质。传统的农耕生产是在严格的自然环境条件下获取生产资料以维持生计。然而风霜雨雪、旱涝虫灾这种不确定因素总是打乱农民的生产秩序,于是人们希望在掌握了一定的自然规律后能把握这些不确定因素,盼望它们能按照自己的意愿起作用,于是在努力劳作之外用舞龙舞狮表达五谷丰登的美好愿景。按照这样的逻辑,一系列繁复有序而又神秘的节日庆典就诞生了。所以,无论是籍田劝农,还是祈报求丰,都成为节日庆典的具体表现形式。

1. 打造"郝堂茶人家"文化品牌

2011年4月24日,北京绿十字和信阳市平桥区政府共同合作,开展了可持续发展的乡村改建项目"郝堂茶人家"。根据郝堂村现存的问题制定规划原则,从民居、道路、水系、桥梁等多方面进行改造。经过几年的发展,郝堂村的基础建设基本完成,前来观光、学习的游客络绎不绝。郝堂村现在围绕生态下功夫,走绿色生态发展之路。壮大以茶叶为主的支柱产业。一是走合作化道路和机械化采摘茶叶壮大茶产业;二是培育精品茶园,提高单位面积产量;三是培育村民种茶、识茶、饮茶、品茶的素养,举办茶艺表演活动,营造文化氛围,增加茶产业附加值,见图3-23。

图 3-23 郝堂茶人家

积极扶持有机绿色农业。发展有机稻米、蔬菜种植，注册郝堂自己的品牌；发展观赏性荷花 220 亩，出售新鲜莲蓬和莲藕，部分莲子晒干出售，开发荷叶茶，将干莲蓬作为工艺装饰品包装售卖。

发展乡村休闲观光旅游产业。按照一户一图的建设原则改造农户房屋，增强观光看点，发展农家乐餐饮服务业；恢复有 300 年历史的郝堂昭庆禅寺，发掘旅游亮点；设计观光、郊外骑行与山地骑行的线路。

精心培育乡村文化产业。与大中小学校合作，把郝堂建成集素质拓展、山水写生、演艺实习于一体的实践基地；开展民俗表演，丰富乡村旅游的文化内涵；开发工艺品和旅游纪念品；吸引非物质文化展示、研究机构、知名艺术人才落户郝堂，现已聘请省剪纸学会副主任许煦女士和中国工艺美术百花奖获得者郑镇怀先生在郝堂建立个人工作室展览优秀作品。

建立抗日英雄张玉衡烈士故居,白桦、叶楠文学成就纪念馆(见图 3-24),打造郝堂村名人文化。如今,"郝堂茶人家"已成为一种"诗意的栖居",成为乡村休闲游的著名文化品牌。2014 年 4 月 28,信阳茶叶节期间,郝堂村举办了信阳毛尖传统手工炒茶能手大赛,展示炒茶工艺和流程,仅"五一"小长假就吸引游客 7 万余人。

图 3-24 郝堂村民俗文化活动、莲花艺术中心、叶楠白桦文学纪念馆

创意产业发展:茶室、酒廊和自行车漫道(见图 3-25)。郝堂村因地制宜,开设了陆翁茶坛、昭庆茶坊、唐茶驿站、毛尖原种园、禅茶园、画室等商业文化项目。游客可以亲自体验采茶、炒茶、泡茶、品茶等一系列茶文化体验活动。郝堂茶室"岸芷轩"是由青年创业合作社申请的独立的公共空间,茶室的主体是轻钢结构,墙体为透明玻璃,建筑下方是小型人工湿地,现代建筑和村中景观融为一体。岸芷轩会不定期地邀请郝堂建设的亲历者向村民分享"我与郝堂的故事";每周一到周五会由"小鹰计划"的志愿者为村里的小朋友提供手工、美术、英语辅导等教学活动;定期举办青年读书会、公益电影、茶艺活动;提供儿童绘本、乡村建设、经典名著等书籍。"郝吧"酒廊针对年轻人的喜好,提供 WiFi,以及鸡尾酒、奶茶等饮品,给来游玩的年轻旅客

提供驻足休息的场所。郝堂还建成了河南省第一个单车旅游园，总长36千米，分长、中、短三条环形车道，横穿不同的山林、茶园、湿地、驿站、塘堰，沿途风景美不胜收。2013年6月12日，"捷安特杯"美丽乡村全国单车嘉年华在郝堂村举行。单车在郝堂村形成了靓丽的风景线，郝堂为前来观光的游客提供了单人自行车、双人自行车和三人家庭自行车，游客可以边骑车边欣赏沿路景色。单车文化促进了低碳出游和旅游产业的融合，打造绿色旅游品牌[16]。

图 3-25 郝堂村岸芷轩茶馆、郝吧酒廊、信阳郝堂自行车道

郝堂的成功成为媒体着力宣传的对象，郝堂经验和郝堂精神成为"美丽乡村"建设的范本。人民日报、光明日报、河南日报、中央电视台、河南电视台等主流媒体和众多社会媒体多次报道了郝堂村的建设情况，见表 3-2。

表 3-2 主流媒体报道郝堂村内容统计

时间	媒体	报道内容
2013.1.4	人民日报	新闻《美丽中国·寻找最美乡村：郝堂画家画出的小村》
2013.11.12	人民日报	新闻《中国道路中国梦：以改革精神建"美丽乡村"》
2014.6.5	央视网	《美丽乡村中国行》纪录片：《画里郝堂》，走进郝堂拍摄乡村景观

续表

时 间	媒 体	报道内容
2015.7.30	人民日报	新闻《河南信阳郝堂村因地制宜绘美景 享受"被旅游"的实惠》
2015.7.31	光明日报	新闻《信阳郝堂村的魅力》
2015.12.17	江苏卫视	《你所不知道的中国2》大型纪录片：通过对留守儿童的生活改善，郝堂宏伟小学的足球场、公共图书馆和特色民俗产业的发展来深度探索美丽乡村带给郝堂的种种变化
2015.12.25	人民日报	新闻《郝堂 留住乡愁》

郝堂，这个大别山内的小乡村，三年之内4次登上《人民日报》，成为党报多次点赞的对象。2013年1月，《人民日报》的第一次报道是将郝堂村作为生态文明建设的典型案例之一，以"画出来的小村"为主题，主要描绘了郝堂村美丽的自然环境，报道了画家孙君画出来的村子，将村庄最细微的美都体现了出来。"环境的美化，带来的是人心的凝聚和生活方式的改变。"《人民日报》在那次报道中写到，"这个村庄，真的是画家活生生地画出来的。"

2013年11月，《人民日报》再次聚焦郝堂，发表了信阳市委书记郭瑞民的专文，"'郝堂现象'正说明：开展美丽乡村建设，把农村建设好，符合中国国情，符合人民意愿，符合客观规律，符合当地实际，深得人心！"，这次报道立足改革精神视角，指出"美丽乡村建设不仅是住房和环境的改善，也是文明观念和生活方式的更新，社会管理模式的创新。"两年之后，《人民日报》进一步赞誉了郝堂的美景，着重报道了郝堂村民住宅改建的情况和村中的小品景观设计，最后指出"村庄美了，村里人享受着'被旅游'带来的实惠。原在湖南打工的袁德宏，回村开办了湘里乡味农家乐，生意非常红火，旺季时8个房间天天爆满。"

2015年底，《人民日报》再次用整版报道郝堂，以"缘起""破题""尊重""蜕变""碰撞""复制"六个部分深刻描述了郝堂建设的全过程，对郝堂的前世、今生、未来做了细致的阐述。这次的报道聚焦在人的故事上，村委会主任胡静、村民张厚健和吴凤超、外地游客董光辉、工匠鲍国志和李开良都和郝堂发生了不解之缘，通过对人身上发生的故事进行串联，郝堂建设的始终和独特的魅力得到了充分体现。"最美郝堂"，美在"村"，美在激活乡村价值、尊严、自信，美在一种"既有疼痛，也有憧憬，蕴含着未来和希望的感动。"除了《人民日报》，其他主流报纸和网站也纷纷跟进报道，央视摄影剧组多次前往拍摄纪录片，河南的主流媒体更是聚焦本地新闻，关于郝堂的报道不胜枚举。主流媒体的合力宣传形成浩大声势，不仅提升了郝堂的知名度，也从另一个侧面显示出国家对中国农村命运问题的高度关注以及留住民族文化的根脉的决心。"看得见山，望得见水，记得住乡愁"，郝堂做到了。也许"待到山花烂漫时，最好的郝堂，就是一个普普通通的村。"

2. 图文并茂利用新媒体广泛传播

人类社会正在经历第四次传播革命，即互联网相关技术的推广使用以及由此带来的新媒体勃兴。区别于前几次传播革命，第四次传播革命的最主要的特征应是"自媒体"表达权的回归，网民成为独立发布信息的个体。人们以和他人分享为目的，通过微信为代表的强关系社交软件和以微博为平台的社交网站发表日常生活、信息、观点和意见，由自媒体分享的内容易产生心理接近性、促进认同感，特别是对口碑的形成。郝堂村作为美丽乡村的典范，2015年吸引了约70万游客前来旅游参观。人们把郝堂美景和自身所闻所感用图文、视频的方式分享到社交网站，将产生良好的口碑效应，进而吸引更多人前往。郝堂村村民委员会开设了微信公众号"印象郝堂"，点开"3D漫游"功能，虚拟现实技术将郝堂美景呈现眼前，里面还提供了餐饮指南和团购服务，见图3-26。微博本地资讯博主在平桥经常转发网民拍摄的郝堂美景并和网民互动，增加郝堂的曝光率。河南有名的自媒体"豫记"也在微信公众平台连续发文赞誉郝堂。今日头条也开设了头条号"郝堂世外桃园"，主打介绍郝堂的村庄建设，文化发展以及四季美景。2017年2月9日，中央电视台《新闻联播》播发头条新闻《郝堂村：建造宜居的村庄》，时长3分53秒，该条新闻一经播出就引起了信阳网友热烈讨论，纷纷拿起手机把这一则喜讯分享到朋友圈和微博等。根据新微邦热搜指数显示，新闻联播播出当天（监测数据2017年2月9日），微博中关于"郝堂"的转发量达227次，点赞量222次，本地知名博主@在信阳发表博文"骄傲！郝堂荣登今晚《新闻联播》头条"，配发9张新闻视频截图，该微博被转发169次，评论180次，点赞683次。手机新闻客户端《河南日报》推送新闻《央视新闻联播头条聚焦郝堂村的变化：尊重自然建造宜居村庄》阅读数达6 068次。可以看出自媒体一旦传播，就会形成滚雪球般效果快速传播，且易引发人们的共鸣。

图3-26　郝堂村VR全景体验

3.3.3　大汲店文化品牌[17]

大汲店村（又名大激店村）隶属于河北省保定市竞秀区江城乡，位于保定南二环、西三环交汇处内侧，毗邻保定农业生态园，拥有富饶的水系和植被资源、规整的村容村貌、充沛的产业资源、底蕴深厚的历史文化、丰富且保存良好的文化遗迹，见图3-27。在对其逐步的乡村规划、改造和发展中，这座古老村庄的水乡之情、古雅之韵、人文之美愈发突显，其生态、业态、文态、形态的互动和发展愈发和谐。并先后获得了"全国文明村"、河北省"美丽乡村"、河北省"宣传文化示范村"、河北省"发展文化产业先进村"、河北省"文明生态示范村"等多项荣誉称号。

图 3-27　大汲店观音堂

大汲店文化品牌在多元内容传播主体的通力合作下，从硬件的物质表征和软件的文化内涵两个层面梳理并整合大汲店村内的内容资源，提取乡村历史发展的生态和人文景观，以及有蕴涵民间文化的民俗工艺，为大汲店村文化品牌内容的搭构打下地基。

2016 年 9 月 14 日晚，为期两天的"2016 大激店世界音乐节"在大汲店村激情开演，音乐节以"音为有你，乐来越好"为活动主题，以"音乐架起保定与世界沟通的桥梁"为宣传口号，邀请了来自 8 个国家的 30 余位音乐人及乐坛新势力，带来了曲风各异、个性鲜明的新鲜音乐，在质朴的千年古镇中上演了一场奔放的音乐盛宴，为到场的乐迷们奉了无与伦比的视听享受。作为河北省首个原创国际音乐节品牌，"大激店世界音乐节"升级了大汲店的乡村形象和保定市的城市形象，扩大了其国际知名度；同时也极大地提升了大汲店文化品牌的传播效果。

"大激店世界音乐节"的举办推动了古村文化与音乐艺术的跨界融合,使得大汲店文化品牌形象更加饱满,传播内容更加多元。从音乐节的外在形式上看,音乐节落地于有着清新自然风光、深厚历史文化、古朴风土人情的大汲店村,在借鉴珠海北山音乐节成功模式和经验的基础上,结合乡村本身的人文内涵、建筑风貌、地理环境等特点,因地制宜地打造出京津冀地区传统与现代融合的音乐盛典,实现了古韵与时尚的融合,见图3-28。

图3-28 大激店世界音乐节

从音乐节的周边设置上,以音乐表演舞台为核心,围绕舞台增设了遇见京都——地域视觉文化与图形创意展、直隶特色名品街、创意集市、非遗展演等具有文化创意元素的周边设施,以核心舞台表演的"点"辐射出周边特色文化设施的"面","点"与"面"的互动促进了前卫时尚的音乐元素和创意元素与大汲店的地方特色文化之间的融合。

从音乐节的内容设置上看，音乐节立足本土，面向国际，以码头广场为主会场，以清光绪年间建造的古戏台为中心舞台，既有保定传统戏曲老调经典曲目的演绎，也有来自美国、巴西等8个国家的多支爵士乐队带来的激情演出。其中戏曲是大汲店村的传统民俗文化之一，爵士音乐属于国内外流行的现代音乐艺术，两种演出穿插进行，戏曲古香古色的韵味与爵士前卫动感的韵律相互碰撞，推进了古村传统文化与音乐艺术的跨界互动，用多元而精彩的演出赋予了"大激店世界音乐节"复古与时尚并存的个性特征。

"大激店世界音乐节"以音乐为突破口，向外界打开了一扇了解大汲店村的窗口，拓宽了大汲店文化品牌的传播渠道，并且借助音乐节的号召力升级了大汲店的影响力。首先，"大激店世界音乐节"采用了多种方式和渠道打响活动知名度。一方面利用媒体宣传，既有传统媒体宣传，包括举办"2016大激店世界音乐节"新闻发布会，邀请政府领导、专家学者和多家媒体参与，为音乐节前期预热；通过《保定日报》、保定电台对音乐节进行报道；通过保定电视台在音乐节之前播放宣传片，在音乐节当天对现场进行直播和采访。也有新媒体宣传，包括河北新闻网、凤凰河北等新闻网站针对音乐节或原创、或转载纸媒内容对其进行报道；音乐节前期主办方开设音乐节网站，并开通微信公众号。

"大激店世界音乐节"，从2016年8月12号到9月16日每天推送一到两篇文章，见图3-29，介绍大汲店文化，预告演出阵容，更新音乐节宣传信息，开设"抢票活动"积极与公众互动；音乐节举办期间利用"秀媒体""随看 live" APP 对现场盛况进行网络直播。另外，主办方在保定市市区内的多处公交站牌投放"大激店世界音乐节"的宣传海报，设计音乐节专有图标，通过大量投放的户外广告和醒目简洁的标识设计增强大众对于音乐节的视觉识别记忆，激发受众参与其中的兴趣点。其次，"大激店世界音乐节"为人们提供了一个自由的音乐场域，开阔的户外场地让台下观众与台上表演者身处同一时空，"面对面"地进行音乐表达、交流与反馈，让人们在自然中享受音乐，在音乐世界里尽情疯狂和释放自我。这迎合并满足了受众追求互动感、体验感的心理需求和回归自然、释放情绪的情感需求，同时扩充了大汲店村人流量，让受众在参与活动的过程中增加接触大汲店文化的频率，为大汲店文化品牌"走出去"开辟了新渠道，也让受众体验到大汲店村传统古镇以外的音乐魅力，改变其对乡村"古朴传统"的刻板印象，提升对大汲店及其文化品牌的好感度。

"大激店世界音乐节"带动了大汲店村多产业联动发展，为大汲店文化品牌传播的进一步发展提供了经济支撑，扩大了该文化品牌的经济辐射力，直接或间接地带动多个行业、产业的发展。"大激店世界音乐节"的举办为大汲店村带来了大量人气，激增的客流量会增加音乐节观众在食宿、交通等方面的需求，从而拉动当地餐饮、住宿、通信等产业的发展；并且，因为音乐节而来到大汲店村的受众将成为大汲店生态旅游的潜在游客，借助音乐节的魅力提升大汲店生态旅游项目

图 3-29 音乐节网站主页级公众号

的知名度，带动当地旅游产业的发展。

"2016大激店世界音乐节"是大汲店文化品牌内容塑造的一部分，更是大汲店文化品牌一大重要的行为传播策略，在一定程度上诠释了大汲店的品牌形象，构成了其品牌资产。通过打造高水准且独具地域个性特征的音乐盛事，促进其向规范化、规模化和品牌化发展，能够使音乐节成为大汲店村吸引大众视线的亮点活动，并逐渐演变为保定市或大汲店村的一个文化标签。音乐为大汲店村增添了一份时尚魅力和灵气，活跃了乡村的艺术文化氛围，也使大汲店的文化形象更生动立体，品牌传播内容更加多元，对文化品牌的进一步发展具有积极意义。

3.4 乡村特产网络传播策略

3.4.1 洪湖莲藕介绍[18]

在历史上，洪湖属云梦泽东部的长江泛滥平原，形成南北高、中间低、广阔而平坦的地貌，在地质长期、反复变化过程中，大量生活在湖里动植物逐渐沉积，形成了富含有机质和氮、磷、钾的丰富的腐殖层，带来了洪湖地区特有的青泥巴土壤。洪湖的青泥巴土壤自身肥力非常足，质地细腻柔软，抓肥能力很强，不需要额外补充化学肥料，非常适合莲藕生长。洪湖莲藕属于湖北莲藕中的特有品种，俗称"沔城藕"，旧时沔阳（原洪湖市与仙桃市）城莲藕闻名天下，沔阳城莲藕以洪湖莲藕最为甜美。洪湖是全国最大的湿地保护区，近千年的水生植物的沉淀孕育出肥沃的青色湖泥，在此处种出的莲藕有以下特点：莲藕形状长、细，淀粉含量丰富，煮汤易烂。种出的莲藕形状长、饱满，口感粉滑，汤汁鲜甜。洪湖莲藕也有移植到其他地方的，例如武汉蔡甸，但移植其他地方的黄色山泥或其他质地的泥巴中，长出的莲藕短、粗，煮不烂，与在洪湖青泥巴中长出的莲藕相去甚远，见图3-30。

图 3-30 洪湖莲藕

清道光年间,道光皇帝要求每位大臣携带贡品前来赴宴,而陆建瀛则进贡了这种莲藕,品尝过后的道光皇帝,对洪湖莲藕赞不绝口,并提拔了陆建瀛为两江总督。在《禹贡》中记载,按照土壤的等级开展相应的生产工作,在这其中青泥田被定为上等田地,是当时最高级别的田地。

伴随着社会不断地进步和发展,湖北省电子商务业已经形成了一定的规模,但营销方式仍有很多方面需要完善,主要做法有以下几点。

第一,政府部门应积极地引导发展洪湖莲藕电子商务,并借鉴其他地区的成功经验,制定出符合洪湖莲藕电子商务营销的政策和制度,为洪湖莲藕电子商务提供良好的发展空间。在 2015 年时,湖北省发布了相关行动计划,该文件指出要充分发挥出湖北省优势,重视人才的聘用和使用,并以 B2B 交易模式为重点,高度重视起电子商务业,为加快当地经济发展提供保障。此外,湖北省的 1 号文件也强调了电子商务平台的建设。在文件的指导下,结合本地的实际现状,围绕洪湖莲藕电子商务的发展制定了一系列的政策和措施,让消费者任何时候都能够买到洪湖莲藕这款产品,见图3-31。

图3-31 洪湖青泥巴品牌

第二,将湖北省内的洪湖莲藕商企业做强。在2014年时,网络购物额已经达到了600亿元,比去年增长40%,这样的交易量位居全国第六。湖北省的莲藕商纷纷加入了这一行业中,扩大了农产品电商宣传的同时,也节省了一定的广告费用。

为了改进洪湖莲藕电子商务营销策略,湖北省借鉴了一些成功经验,例如:湖北省的福娃集团为了开拓市场,在2010年时,成立了专门的电子商务部门,主要为了满足偏远地区消费者的需求。周黑鸭食品公司在多个平台都有自己的网站,销售业绩也呈现了直线增长的趋势,相关责任人表示,周黑鸭产品电子商务业绩突破一亿元,开拓了多样化的销售渠道。从这个角度来看,我们发现洪湖莲藕商也拓展了多种销售渠道,逐渐完善起了电子商务体系,并加强了线上、线下商铺的联系,大大地增加了洪湖莲藕的销售量。

第三，借助手机软件扩大销售渠道。互联网络时代的到来，带动了一些新型的产业，同时支付宝、微信等手机软件也相继出现。近几年来，这些新型的支付方式很受消费者的喜爱，既减少了货币的使用，还节省了许多不必要的时间。消费者在采用这两种方式支付时，都能获得一定的优惠。洪湖莲藕商在营销时，也使用了这种支付方式，一方面为了提升产品的销售业绩，另一方面为消费者节省一定的支出，使消费者通过这种方式能够得到实惠。在网络时代飞速发展的今天，新型支付方式更容易被消费者所接受，借助手机软件能够提高洪湖莲藕商的经济效益，为农产品电子商务转型奠定了基础。

目前洪湖莲藕的电子商务营销渠道采用了 B2B、B2C 两种营销模式，现对这两种营销模式进行分析，具体内容如下：其一，B2B 营销模式现状。在莲藕电子商务营销建立初期，B2B 模式为洪湖莲藕商带来了 75% 的顾客，为产品的销售、推广提供了保障。根据相关数据显示，洪湖莲藕商采用 B2B 模式主要有 12 条销售渠道，其中第三方平台是最主要的销售方式，近几年增长速度相对较为缓慢，2015 年时总销售量呈现了下滑趋势。为了有效地解决这一问题，当地政府开展了招商引资活动，为所有洪湖莲藕商带来新的机遇，使电子商务正式进入了成长阶段。其二，B2C 营销模式现状。一般情况下，B2C 销售模式主要有两种渠道，一种是直接渠道，洪湖莲藕商通过自己的网站销售产品。另一种是间接渠道，借助第三方平台将产品销售给顾客。而洪湖莲藕则使用了间接渠道方式，依托于返利网站，通过与商家谈判和协商,将洪湖莲藕的价格降到最低,以此吸引广大的消费者,而消费者则利用这种购物方式,从中获得不同的返利价格。

3.4.2 "洛川苹果"品牌运营[19]

"洛川苹果"从无名到有品牌。据调查了解,陕西省洛川县最初的苹果种植面积仅有3万多亩,随后经过县政府及当地科研人员长期反复的调查研究,最后决定大力发展洛川县苹果产业。自然禀赋方面:洛川县地处渭北黄土高原高海拔地区,平均海拔约有1 100米,昼夜温差大,日照时间长,年平均温度在9.2 ℃左右,黄土肥沃土层厚约100~200米,降雨量约622毫米,无霜期有170多天,境内无重环境污染等。凭借如此得天独厚的自然资源条件,洛川县有绝对的自然优势成为符合优质苹果生长7项气候指标要求的优质产地。以此为据,洛川县政府最终确定了想要兴县富民,实现温饱型向富裕型转变,就得把"苹果是洛川最具优势的产业"作为洛川县经济社会发展的指导战略思想。自此,洛川县政府就把苹果产业当作区域内的支柱型产业来发展。随着全县苹果种植面积逐渐发展到50多万亩以后,洛川县政府正式确定实施"洛川苹果"区域品牌化发展战略。从2008年获得"洛川苹果"地理标志证明商标、2010年"洛川苹果"被认定为水果类的"中国驰名商标"、2018年品牌评估价值达72.88亿元,位居中国农产品品牌价值榜第二位,到如今,洛川县已然成为享誉省内外的"一县一业"示范县,见图3-32。

第3章 乡村文化互联网传播与经营案例

图 3-32 洛川苹果

积极争取冠名权。自洛川县实施"洛川苹果"品牌运营计划以来,县政府要求各级相关政府部门严格按照生产标准化、服务体系化以及营销品牌化的品牌运营思路,争取一切对外宣传推广的机会,共同努力狠抓重大活动的冠名权。当然,苹果虽然作为商品销售,但是它有着不可忽略的自然特性,由于苹果成长为商品是存在一定周期性的,这就使得苹果不像日用产品生产那样具有强大的弹性。所以,洛川苹果开展线上销售,不仅应有专业的互联网人才指导终端销售,更应该注重互联网销售中的物流时效以及冷藏、冷链运输储存问题。冷链建设作为洛川苹果产业后整理的核心环节之一,要求我们地方政府不仅仅要注意相关方面人才的引进、技术的培训,还应该在冷藏冷运等物流基础设施上加以扶持,除此之外,地方政府应该号召地方机构,如区域龙头企业和农业合作社等来一起延长"苹果产品产业链",避开苹果生长周期的约束,拓展苹果相关产业;

浓缩果汁、苹果脆片、苹果醋饮、水果罐头、果粉、果胶以及本地农用化肥，苹果专用套袋等，都可以整合成为"洛川苹果"这个品牌，在网上"官方认证的旗舰店"内进行配套销售，提高苹果全产业链的增值收益。良好的品牌认知度是以良好的品牌形象为基础建立的，品牌认知度的提高是提升市场竞争力的关键，要让商标成为产品形象的体现，洛川苹果就必然要通过区域品牌整合，来使洛川苹果衍生产业获得新生，这些产业一旦被纳入"洛川苹果"品牌家族，凭借这个旗帜品牌在市场中进行流通，一定会使"洛川苹果"这个区域品牌在国内外市场上真正地获得消费者的信赖，带来品牌正效应，从而走上苹果销售高端市场。为此提出如下措施：建议在现有的大型网商平台，如天猫、京东等上面开设"官方认证的旗舰店"，这个旗舰店售卖的产品应该涵盖整个区域内的产品，并且鲜果成熟期可以和电商平台联合在其平台主页面做专门的活动推广以及宣传，比如天猫的"双十一"，京东的"6.18""年货节"等促销节日，同时也可以推销新品，宣传品牌，提供节日礼品定制服务。另外，地方政府要不断扩充电商平台的产品投放规模，积极为"洛川苹果"品牌化发展挖掘更多的互联网发展机遇。农民合作社及洛川苹果各直销店在淘宝、天猫、京东商城、苏宁易购以及一号店等国内大型电商平台规模化、多样化地上架洛川苹果，引导各机构和农户个人网上营销，并协助企业不断完善质量安全追溯体系、物联网、二维码以及监控数据，强化互联网营销产品质量安全监管。支持各平台"洛川苹果官方旗舰店"常年在各大电商开展"洛川苹果"品牌宣传月、宣传周活动，通过促销、折扣、团购等方式，促进网络销售，拓广营销推广渠道，提升品牌知名度，建立多元化、立体化销售渠道。在营销方式上除了要更新从事农业生产活动人群的意识观念，不能总是一味地依赖传统销售渠道，还要抓住当下新型的营销方式，使传统与新型的营销方式并用，精准对接消费需求。

传统营销推广方面，除了要进一步加大对集市贸易和农贸市场的产品投放外，也要鼓励区域内有实力的龙头企业及合作社加强与各大商场的合作。比如国内的永辉、人人乐以及世纪金花等这种大的综合性便民超市，同时支持农民合作社以及其他有资金实力的个体户在全国各地开设洛川苹果专卖店。此外，也可以采用"名人＋央视广告"的宣传方式进行广告营销传播，机场广告牌、高铁站、客运站以及省内各条地铁线都是极佳的品牌传播平台。地方各级政府、龙头企业、合作社以及个体农户更应该紧跟当下时代，充分学习并参与到互联网营销的热潮当中。

新兴的互联网营销方式方面，除了通过国内较大的几个电子商务平台营销，还包括时下最流行的自媒体营销：微博营销、微信营销和直播营销。微博营销就是洛川县政府可以通过把区域品牌运营权授予区域内专门管理品牌的部门以及实力雄厚的（农业）企业、合作社，使其可以拿着品牌闯市场，以"洛川苹果"品牌名在各微博网站注册官方账号，像新浪推出的企业服务商官网认证以及政府官方微博认证,都是可以通过微博平台的认证从而使得消费者能够放心消费的平台,不仅如此,企业或者合作社也可通过官方认证的微博,粘连本区域内的农户供应商,从而通过这种渠道,使真正好品质、大品牌的产品进入市场中,可为区域内的销售人员在微博上营销提供一定帮助。微信营销作为继微博营销之后的又一新兴渠道,随着用户数量的激增,不少大品牌也在尝试利用微信进行品牌推广。其中,微信公众号的推广宣传,朋友圈的转发、点赞等都是应该成为区域主体值得学习的微信活动应用。还有一种当下最新的营销渠道开拓:洛川苹果可以利用微信里的小程序,请专业的互联网技术人员打造一款"洛川苹果专营店"相关拼团软件,在拼团的营销过程中做裂变,以优惠价格的方式刺激目标群体转发朋友圈,从而实现"以一传十,十传百"的病毒式传播。所以洛川苹果应该将微信作为品牌当前的重要营销渠道。直播营销主要是针对个体农户,其可以依靠当下"三农"最火 APP——今日头条,通过官方认证就可以和平台形成联盟,开设个人店铺,通过短视频播放或者视频直播来积攒一定的粉丝,通过视频宣传将产品进行全网销售,这也是当代"粉丝"经济崛起的一个代表。加强对"洛川苹果"区域品牌的媒介宣传,充分发挥互联网传播优势,利用 PC 客户端和移动客户端广告对洛川县苹果品牌进行宣传,提升"洛川苹果"品牌在全国的知名度,构建网络营销渠道,启动营销新方式,满足当代消费者的消费转型,见图 3-33。

图 3-33 第一届世界苹果大会

3.4.3 江西寻乌农产品[20]

江西省赣州市的寻乌县位于赣闽粤三省交界地带，其境内以山地丘陵为主，气候温润，土壤肥沃，是优质的水果种植基地。早在 90 年代初，寻乌就依托山地资源的优势，将水果产业发展成了全县的主导产业，这里也因此赢得了"蜜桔之乡""脐橙出口基地"的美誉。这里地处山区，交通不便，但是在这样一个偏远的小县城，电商却是做得风生水起，而且在电商的助推下，寻乌的水果种植产业也成为带动农民脱贫致富的主要支柱。最近几年，国家大量发展农村电商扶贫，寻乌电商年交易额已经超过 10 亿元，每天物流中心送单量最少 5 万件，最多达到 10 多万件，深山中的农产品通过电商正销往全国，在全国贫困县中，寻乌电商年交易额已经名列第 4。寻乌县越来越多在外务工人员也利用这一波政策回乡创业，他们在网上销售脐橙、鸡蛋、蜂蜜、花生等土特产，见图 3-34。在这个重峦叠嶂，四处是山丘的地方，全县已完成网络覆盖，电商非常发达，企业已达到526家，年销售额突破10亿。很多农户就是靠电商摘掉了贫困的帽子。

图3-34　江西农产品电商营销

赣南脐橙是江西赣州地区的特产，赣州现在脐橙种植面积世界第一，是全国最大的脐橙产区。截至2017年，赣南脐橙的栽培面积近200万亩，年产量预计130万吨，并每年呈上升趋势。而寻乌县作为赣南脐橙产量大县，赣南脐橙的三分之一产量都出自这里。

在政府政策的引导下，寻乌县出台了一系列政策措施，第一步就是在各个行政村建立村级电商服务站点，现已建立168个电商服务站点。第二步则是开通物流专线，开通到广州、南京、上海，降低物流成本。以电商助力农业、服务农村。第三步，不定期组织电商培训，让农民从电商门外汉变为电商达人。在寻乌县有许多依靠电商改变贫困现状的农民，比如贫困户廖万上，他家里有五口人，有三人残疾，今年廖家果园两万多斤的脐橙被一家电商以每斤3.5元的价格全部收购,随着脐橙价格的上涨,廖家的生活也有了明显的改善,以前几千块钱一年的收入,现在每年可以赚到5万元左右。原来几角钱一斤的脐橙都很难卖出去,现在可以通过电商平台卖到全国各地,脐橙销售价格提升了,农户的出售价格也提升了。收购这些脐橙的电商老板罗贤英说,她以前是广东的打工妹,2015年她通过哥哥的劝说返乡创业,并参与了寻乌政府开展的电商培训,为她发展电商创业打开了新思路。她专做售卖寻乌特产的电商平台,收购了赣南寻乌50多户贫困户家的脐橙,对选果质量要求高,她有一个成熟的电商运营团队。出售的水果非常讲究新鲜度,早上采摘的果子下午就在店里进行分拣打包发货。2017年她的电商团队被评为"寻乌年度电商示范企业",单是销售脐橙就达到250万千克,每天的订单量可以达到200多单,火爆时甚至可以卖到1 000多单。当地还有一位农民王红芬,她在电商村级服务站工作,她不仅自己通过网络来销售脐橙,还带动村上的贫困户,特别是不懂电脑和互联网的老人进行销售。村上有109户贫困户,有80户的农户脐橙都是通过她来包装、邮寄发往外地,而她又可以从中赚取手续费,在带动农民脱贫的同时,又给自己带来了经济增长。有许多农户,自发地通过朋友圈直播采摘,宣传、销售,可以将脐橙卖到全国各地。每年收入7万~8万元,让农户迅速脱贫。另外,脐橙的消费受众不应该局限于国内市场,要更好地宣扬我国水果文化,应该把脐橙向世界范围内进行推广,而且一旦进行了国际贸易,赣南脐橙的国际影响力也会随之扩大。

1. 寻乌土鸡蛋案例

寻乌还有其他许多农副产品的销售也依靠电商打开了销路。寻乌土鸡蛋就是另一个例子。通过对寻乌县灵芝营养鸡蛋养殖地的负责人罗兆华走访调查，可以发现农户创办了自己的鸡蛋工厂，树立了独一无二的品牌。而规范的加工流程使得本不是特产的鸡蛋也能在全国的鸡蛋市场打开一片天。寻乌盛产灵芝，而他们家却将自家鸡蛋取名为"灵芝鸡蛋"。那是因为他们家的蛋鸡在喂养时都是喝灵芝水，很多人肯定认为用灵芝水喂养鸡过于奢靡浪费，甚至赔本。但是该基地负责人称，每天熬一锅灵芝水需要15千克左右的灵芝，但是他们选用的灵芝都是农户不好卖，比如卖相不好，遭遇虫蛀的灵芝。这样一来，成本大大降低，甚至只需要每公斤5元左右。优质的山泉水加上灵芝来喂养蛋鸡，喝灵芝水长大的鸡免疫力强，少生病，多产蛋。而且这样产出的鸡蛋质量非常好，外观一致，颜色、口感及营养价值都是普通鸡蛋不能比拟的。每一颗鸡蛋在出品时都有层层质检流程，保证销售到消费者手中的鸡蛋都是合格的产品。罗兆英有了好产品，也逐渐有了品牌意识，于是注册了"罗老板"这个简单好记的灵芝鸡蛋品牌商标。并由其妹妹负责电商运营，罗兆英则负责产品推广，兄妹俩的共同努力也得到良好的市场反馈。每天可以卖100多箱鸡蛋，逢年过节可以卖到1 000多箱左右。现在养鸡场每天的产蛋量可以达到5万枚，每枚鸡蛋零售价格2.5元，为普通鸡蛋的4倍。其中三分之一由电商销售，剩余部分由代理商零售，还有陆续慕名而来的供应商，现在

"灵芝鸡蛋"已经名声在外,供不应求了,见图3-35。

图3-35 江西灵芝土鸡蛋

现在寻乌农产品的销售渠道主要是通过电商,每个农户的个人微信朋友圈人数都在4 000人左右。以上文提到的灵芝鸡蛋来说,鸡蛋养殖负责人借着电商的东风,通过互联网渠道售卖"灵芝鸡蛋",极大地提高了鸡蛋的附加值,仅在淘宝网及微商渠道上,每年就有几十万元收入。在国庆节前夕,短短两周时间养殖场就发出两万多件鸡蛋礼盒,利润有10多万元。通过电商扶贫,深山里的土鸡蛋"飞"向各地,更多的优质农特产品上了城里人的餐桌,农民实现创收脱贫,谱写出互联网时代下乡村振兴的篇章。这比之前的通过传统销售模式带来的利润,提高了太多。"灵芝鸡蛋"的成功让兄妹俩有了坚定信心,在电商平台上增加产品品类,专门销售寻乌农产品,比如百香果、蜂蜜等,依靠这些丰富的农产品品类,罗家兄妹的电商平台全年可以达到800万元左右的销售额,利润可以达到20%—23%左右。

"特约经销、互联网、国际贸易"的创新型综合营销模式是现在的寻乌农产品企业可以选择的可行路线。特约经销可以更好地发挥龙头企业的作用，以龙头企业的品牌优势带动其他厂家的发展。互联网可以用多种媒介进行宣传销售，以更低的成本达到更好的宣传效果。

2. 红薯干案例

寻乌有一个很寻常的农产品——红薯干。红薯干三倒三蒸工艺，具有悠久的历史，采用农家自种红薯，自然风干晒干，香甜美味，办公小零食，家乡的味道。红薯干显透明状，香甜有韧性，营养丰富，经久耐存。制作方法是：选红芯红薯去皮，切成块状，在水中煮半熟，捞起，经日头晒干，放入甑内蒸透，再晒干。然后，复倒入甑内再蒸。此时，出甑的红薯干似玛瑙翡翠，晶莹透亮，使人馋涎欲滴。通过对当地红薯干厂负责人的走访发现，他们首先引入外地的优质红薯，这产量比本地的红薯高出了近三分之二，个头也很匀称，做出来的红薯干不仅颜色好，而更甜更糯。以全部种上红薯来算，一个农家仅收入每年就有近万元。然后，一定要舍得对产品进行削皮、清洗、加工。据负责人称，他们的红薯干，光削皮就得削三层，看着这一份简单的红薯干，光制作就有六道工艺之多。一亩红薯，能出品的精品红薯干在2 000千克左右。在同行看来，这可能很浪费，但是负责人表示，只有对农产品这样严格，出品的质量才能对消费者负责，不断提高了产品的竞争力，同时通过互联网渠道的销售打开更好的销路，受众面更广。该负责人表示，正是因为自己对产品的负责，他一个月的红薯干就能做到40万元左右，而且他一年只做4个月。这样的话，一年的收入最少也在150万元左右，见图3-36。

图 3-36 江西寻乌红薯干

其次，还需调整优化产品结构。农产品的生产销售应该结合市场需求，只有知道市场、消费者需要什么，才能够更好地进行生产，避免造成资源的浪费。合理的产品结构能够取得事半功倍的效果。更可以将已经有大部分受众的品牌或者有大型工厂的作为"先行者"，带动新品牌进行销售。

参考文献

[1] peltier James W, schibrowsky John A, schultz Don E, 等. 互动式整合营销传播：统合 IMC、新媒介以及数据库营销的力量 [J]. 新闻大学, 2004 (3): 29-34.

[2] 艾红红. 多种声音一个世界——广播观念的百年变迁 [J]. 中国广播, 2020, 323 (5): 33-36.

[3] 刘姿均. 新媒体时代乡村文化传播的困境与对策 [J]. 新闻传播, 2021, 400 (7): 16-19.

[4] 吴雪莲. 基于农耕文化在休闲农业规划设计中的表达形式研究 [D]. 绵阳：西南科技大学, 2020.

[5] 赵游. 农耕文化资源在乡村节庆旅游中的开发与应用 [D]. 合肥：安徽农业大学, 2020.

[6] 张婉瑶. 文化体验视角下的传统村落景观提升研究 [D]. 西安：西安建筑科技大学, 2020.

[7] 周琴. 乡村振兴视域下县域融媒体传播乡村文化的创新路径 [D]. 成都：成都理工大学, 2020.

[8] 赵晓样. 中国农村社交媒体的使用和社会群体的重构 [D]. 长沙：湖南师范大学, 2019.

[9] 陈斯亮. 快手短视频中的乡村景象呈现研究 [D]. 武汉：华中师范大学, 2019.

[10] 黄克琦.品牌化视阈下县域旅游整合传播策略探研[D].南昌：江西师范大学，2017.

[11] 付晓彤.互联网时代乡村旅游景区新媒体营销优化策略研究[Z].武汉：武汉轻工大学，2019.

[12] 孙丽."快手"短视频平台上的乡土文化传播研究[D].郑州：郑州大学，2019.

[13] 李佩然.快手短视频平台的乡村民俗文化传播研究[D].太原：山西大学，2020.

[14] 梁爽.新媒体环境下里仁村泰山庙会文化传播策略研究[D].长春：长春工业大学，2019.

[15] 张富治.郝堂村治研究[D].武汉：华中师范大学，2017.

[16] 韩旭."美丽乡村"建设中乡土文化传播研究[D].郑州：郑州大学，2017.

[17] 赵璇.乡村文化品牌的传播策略研究[D].保定：河北大学，2017.

[18] 张景丽.洪湖莲藕电子商务营销策略研究[D].武汉：武汉轻工大学，2019.

[19] 高小梅."洛川苹果"品牌运营中地方政府的职能研究[D].延安：延安大学，2019.

[20] 周宇文.互联网渠道对农产品销售的影响[D].长沙：中南林业科技大学，2019.